AF397095

UNIVERSITÉ DE BORDEAUX — FACULTÉ DE DROIT

DU

RÉGIME DE LA PROPRIÉTÉ FONCIÈRE

EN TUNISIE

THÈSE POUR LE DOCTORAT

Soutenue devant la Faculté de Droit de Bordeaux le 16 février 1897

PAR

P. PIOLLET

AVOCAT A LA COUR D'APPEL

PARIS

LIBRAIRIE NOUVELLE DE DROIT ET DE JURISPRUDENCE

ARTHUR ROUSSEAU, EDITEUR

14, RUE SOUFFLOT ET RUE TOULLIER, 13

—

1897

THÈSE

POUR LE DOCTORAT

UNIVERSITÉ DE BORDEAUX. — FACULTÉ DE DROIT.

MM. BAUDRY-LACANTINERIE, ✻, 🏵 I., doyen, professeur de *Droit civil*.
SAIGNAT, 🏵 I., assesseur du doyen, professeur de *Droit civil*.
BARCKHAUSEN, O. ✻, 🏵 I., professeur de *Droit administratif*.
DE LOYNES, 🏵 I., professeur de *Droit civil*.
VIGNEAUX, 🏵 I., professeur d'*Histoire du droit*.
LE COQ, ✻, 🏵 I., professeur de *Procédure civile*.
LEVILLAIN, 🏵 I., professeur de *Droit commercial*.
MARANDOUT, 🏵 I., professeur de *Droit criminel*.
DESPAGNET, 🏵 I., professeur de *Droit international public*; chargé du cours de *Droit international privé*.
MONNIER, 🏵 I., professeur de *Droit romain*, chargé du cours d'*Histoire du droit public*.
DUGUIT, 🏵 I., professeur de *Droit constitutionnel et administratif*, chargé du cours de *Principes du Droit public et de Droit constitutionnel comparé*.
DE BOECK, 🏵 A., professeur de *Droit romain*, chargé du cours d'*Histoire des doctrines économiques*.
DIDIER, 🏵 A., professeur de *Droit maritime* et de *Législation industrielle*, chargé du cours de *Législation financière*.
BENZACAR, chargé du cours d'*Economie politique*.

MM. SIGUIER, 🏵 A., *secrétaire*.
PLATON, 🏵 A., ancien élève de l'Ecole des Hautes-Études, *sous-bibliothécaire*.
CAZADE, *Commis au secrétariat*.

COMMISSION DE LA THÈSE

MM. LEVILLAIN, professeur, *président*.   ⎫
DE LOYNES, professeur.   ⎬ *suffragants*.
DIDIER, professeur.   ⎭

UNIVERSITÉ DE BORDEAUX — FACULTÉ DE DROIT

DU

RÉGIME DE LA PROPRIÉTÉ FONCIÈRE

EN TUNISIE

THÈSE POUR LE DOCTORAT

Soutenue devant la Faculté de Droit de Bordeaux, le 16 février 1897

PAR

P. PIOLLET

AVOCAT A LA COUR D'APPEL

PARIS

LIBRAIRIE NOUVELLE DE DROIT ET DE JURISPRUDENCE
ARTHUR ROUSSEAU, EDITEUR
14, RUE SOUFFLOT ET RUE TOULLIER, 13

1897

INTRODUCTION

Une des questions qui préoccupent le plus les économistes et les jurisconsultes de nos jours est celle de la réforme du régime immobilier.

De toutes parts des critiques s'élèvent contre le système français, on en signale les inconvénients et on cherche les moyens à adopter pour les faire disparaître.

Le vice fondamental de notre législation et de celles qui l'ont imitée est l'incertitude de la propriété et des droits réels qui en sont le démembrement.

Cette incertitude tient à l'imperfection des moyens par lesquels les actes juridiques qui les concernent sont rendus publics. Sans entrer dans de grands détails, on peut remarquer cependant que si la loi du 23 mars 1855 est venue sur ce point corriger certains errements du Code civil, elle ne l'a pas fait d'une manière aussi complète qu'on eût pu le désirer. Elle ne soumet à la transcription que les transmissions faites entre vifs et emportant translation de propriété ; par suite les mutations par décès, *ab intestat* et testamentaires, les jugements ou actes simplement déterminatifs ou déclaratifs de propriété, y échappent totalement.

Et encore, même dans les cas où elle est requise, cette transcription rend seulement le transfert opposable aux tiers, elle n'est pas nécessaire pour sa validité entre les parties. Rien n'empêche par conséquent celles-ci de ne pas faire transcrire leur acte si elles y trouvent avantage, et la vente reste clandestine.

Cela arrive souvent dans les transferts de peu de valeur,

pour éviter des frais. En 1841, on a constaté que **22 0/0** seulement des ventes enregistrées étaient transcrites ; depuis la loi du 23 mars 1855, cette proportion a un peu augmenté, elle était de 74 0/0 en 1891 ; et il est à remarquer qu'on ne tient pas compte dans ces chiffres des ventes sous seings privés non enregistrées, fort nombreuses dans la pratique (1).

La dispense de transcription, dont jouissent les transmissions à cause de mort, présente de nombreux inconvénients.

Le premier est l'impossibilité où se trouvent les acquéreurs de biens d'une succession de vérifier si le possesseur de ces biens est propriétaire irrévocable. Cet inconvénient est si grave que la jurisprudence a dû remédier sur ce point à l'insuffisance de la loi. La Cour de cassation et les Cours d'appel ont validé les aliénations ou constitutions de droits réels immobiliers faites par l'héritier apparent en faveur d'un tiers de bonne foi. On oblige ainsi le véritable héritier à respecter des contrats qui ne devraient pas pouvoir lui être opposés puisqu'il n'y a pas été partie (2). Cette jurisprudence se justifie *par les raisons d'équité, les puissantes considérations d'ordre et d'intérêt publics qui réclament la libre et facile circulation des biens* (3).

Un autre inconvénient est l'impossibilité d'établir d'une manière complète la généalogie de la propriété immobilière.

Ce qu'on appelle en effet chez nous titre de propriété ne prouve nullement que le droit de propriété appartienne effectivement à celui qui est porté dessus comme proprié-

(1) Besson, *Les livres fonciers et la réforme hypothécaire*, p. 127 et note 2.
(2) V. notamment Cass., 16 janvier 1843, S. 43.1.97 ; — 16 juin 1843, S. 43.1.103 ; — 26 février 1867, S. 67.1.161 ; — 4 août 1875, S. 76.1.8 ; — 3 juillet 1877, D. P. 77.1.429 ; — Conf. Angers, 9 avril 1894, *Gazette des tribunaux*, 21 avril 1894 ; Orléans, 8 avril 1891, D. P.94.2.402.
(3) Cass., 16 janvier 1843.

taire. C'est un écrit constatant simplement que le bien a été l'objet d'un acte juridique par lequel on a voulu transférer la propriété, transmettre ou créer un droit réel.

Mais ce résultat n'a pu être atteint que si l'auteur de cet acte avait la capacité et le pouvoir de disposer de l'immeuble. Or la publicité donnée par notre loi aux actes juridiques entre vifs emportant mutation de propriété, cession ou établissement de droits réels immobiliers, n'a d'autre utilité que de porter ces actes à la connaissance des tiers ; la transcription ne prouve nullement la vérité de ce qu'elle contient, elle ne suffit donc pas à garantir l'acquéreur contre les attaques qui peuvent être dirigées contre lui à raison de la non-existence chez son auteur du droit créé ou cédé.

La preuve du droit de propriété ne peut, dans notre législation, s'établir irréfutablement que par la prescription. Lorsqu'un immeuble a été possédé pendant un certain temps par un individu dans les conditions voulues pour prescrire, cet individu est présumé légitime propriétaire, et les réclamations ne sont pas admises contre lui. Mais peu de personnes possèdent par elles-mêmes le temps voulu ; pour arriver à établir leur droit, elles doivent joindre leur possession à celles de leurs auteurs, et montrer que ces possessions ajoutées ont amené à la prescription. Cette démonstration est quelquefois extrêmement difficile, car le délai de la prescription peut être allongé indéfiniment par suite des causes de suspension survenues dans la personne de ceux qui se disent légitimes propriétaires ou de ceux dont les réclamants prétendent tenir leurs droits. Que le véritable propriétaire, contre lequel on prescrit, soit mineur ou interdit, qu'il ait lui-même comme auteurs des personnes qui se sont trouvées dans la même situation, il faudra peut-être remonter très haut pour établir la prescription en faveur du possesseur actuel.

La clandestinité des partages et des actes qui n'ont qu'un caractère déclaratif de propriété présente aussi de sérieux inconvénients.

C'est ainsi qu'un tiers peut traiter avec un des héritiers pour l'achat de sa part indivise d'immeuble, le partage étant déjà opéré à son insu, et l'héritier n'ayant peut-être qu'une soulte ou des valeurs mobilières dans son lot. Le tiers ne peut même pas se faire représenter l'acte de partage, car si l'héritier est de mauvaise foi, il ne manquera pas de lui dire que le partage n'a pas eu lieu.

La publicité des actes ayant pour but de créer ou de transmettre les droits réels démembrements de la propriété n'est pas organisée d'une manière plus satisfaisante. — Aucun d'eux cependant ne devrait rester clandestin, il est bien intéressant pour un acquéreur de les connaître tous, puisque leur existence peut diminuer ou augmenter considérablement l'étendue du droit de propriété. — Au lieu de poser un principe général et de les rendre tous publics par une inscription, la loi de 1855 procède par énumération ; par suite, elle excepte l'emphytéose et la superficie en n'en parlant pas ; elle ajoute par contre les baux de plus de 18 ans qui entravent le libre exercice du droit de propriété pour un laps de temps considérable, et les quittances ou cessions équivalentes à trois années de fermage.

Les critiques s'accentuent encore contre le système de publicité français, en ce qui concerne les privilèges et les hypothèques. — On est d'accord pour poser en principe qu'un bon régime hypothécaire doit satisfaire à trois conditions essentielles : 1º publicité de l'hypothèque ou du privilège ; 2º spécialisation quant à la créance garantie ; 3º spécialisation quant à l'immeuble grevé.

Au premier examen, les privilèges immobiliers paraissent

satisfaire à la règle de publicité, car en principe ils ne se conservent que moyennant une inscription.

Mais pourvu que cette inscription soit prise dans un certain délai, elle rétroagit au jour de la naissance du privilège, — et cette rétroactivité peut occasionner des lésions pour les tiers qui ont fait constituer à leur profit une sûreté réelle sur l'immeuble ou s'en sont rendus acquéreurs sur la foi des registres qui n'indiquaient aucune inscription prise. — La loi a préféré le créancier privilégié au tiers même de bonne foi.

Parmi les privilèges énumérés dans l'article 2103, celui des architectes et ouvriers paraît seul réunir toutes les conditions exigées par le principe de publicité. Par l'inscription du premier procès-verbal, en effet, les tiers qui voudraient traiter avec le propriétaire, sont avertis de ne pas compter sur la plus-value apportée à l'immeuble par les constructions nouvelles. — Le Code aurait agi sagement toutefois en fixant un délai pour l'inscription de ce premier procès-verbal (1).

Quant au privilège du vendeur, il naît au moment même du contrat, mais ne devient opposable aux tiers que par la transcription de l'acte de vente. — Nous savons que le droit de suite résultant du privilège rétroagit pourvu que l'inscription ait lieu dans les 45 jours de la vente (2), — c'est déjà pour les tiers un inconvénient et un danger qu'ils peuvent éviter, il est vrai, avec des précautions (3) ; mais que dire du droit de préférence ? Aucun délai n'est imparti pour

---

(1) Il est probable que la volonté des rédacteurs du Code a été que le 1er procès-verbal fût inscrit avant le commencement des travaux. — V. Baudry et de Loynes, *Du nantissement, des privilèges et des hypothèques*, t. I, n° 843.

(2) Art. 6 de la loi du 23 mars 1855.

(3) V. Baudry-Lacantinerie, t. III, n° 1438.

sa conservation ; — pourvu que le privilège soit inscrit, pendant que l'immeuble est encore entre les mains de l'acheteur, fût-ce même après 45 jours depuis la vente, le droit de préférence rétroagit, primant par conséquent tous les créanciers hypothécaires de l'acheteur, même ceux dont l'inscription serait antérieure à la sienne. — Dès lors quelle sécurité pour ceux-ci ?

Quant aux privilèges de l'article 2101, dispensés d'inscription (1), ils sont absolument clandestins. — Ils ne s'exercent il est vrai que subsidiairement sur les immeubles et ne garantissent le plus souvent que des créances modiques, mais l'infraction à la règle de publicité n'en existe pas moins.

La publicité des hypothèques telle qu'elle est organisée par notre loi offre encore plus de prise à la critique.

Certaines d'entre elles y échappent totalement : ce sont les hypothèques légales des incapables, dispensées d'inscription tant que dure la cause d'incapacité, et même quelque temps après. — Plusieurs personnes, il est vrai, sont tenues de requérir leur inscription, d'autres ont la faculté de le faire, mais comme ces prescriptions n'ont pas de sanction effective (2), en pratique elles ne sont guère suivies.

Outre le défaut de la clandestinité, ces hypothèques présentent encore l'inconvénient d'être générales et indéterminées, car même dans le cas où l'inscription en est requise, une seule suffit pour frapper tous les immeubles du mari ou du tuteur compris dans l'arrondissement du bureau où elle est prise (3).

Le Code indique cependant certains moyens d'obvier à ces

(1) Art. 2107.
(2) Cpr. cependant C. pr., art. 905, C. co., art. 540.
(3) Art. 2148, al. final.

inconvénients : ce sont la purge, la réduction et la restriction
de l'hypothèque. La purge anéantit complètement l'hypothèque ; la restriction et la réduction produisent un effet moins
radical, elles ne font que diminuer le gage hypothécaire lorsqu'il y a disproportion évidente entre celui-ci et la créance
garantie, l'une a lieu au moment même de l'acte qui donne
naissance à l'hypothèque, l'autre postérieurement. Mais ces
moyens ne sont pas d'un emploi constant, ils sont exception-
nels, et ne font pas échapper les hypothèques légales au re-
proche de généralité qui leur est fait.

Il s'ensuit une gêne considérable pour le mari ou le tuteur
dont le crédit se trouve fort ébranlé ; les acquéreurs de la
propriété foncière doivent recourir aux formalités longues et
coûteuses de la purge, qui forcera à se révéler les hypothèques occultes, ou obtenir de la femme renonciation de son
hypothèque à leur profit.

Cette renonciation emporte l'extinction de l'hypothèque
légale de la femme et « vaut purge à partir, soit de la transcription de l'acte d'aliénation, si la renonciation y est contenue, soit de la mention faite en marge de la transcription de
l'acte d'aliénation, si la renonciation a été consentie par acte
authentique distinct (1) ». Mais encore faut-il pour cela que
la femme puisse renoncer à son hypothèque, ce qui dépend
du régime sous lequel elle est mariée.

L'hypothèque judiciaire au moins n'est pas clandestine,
mais elle est générale, et l'article 2148 alinéa final s'y applique comme à l'hypothèque légale. Elle a en outre l'inconvénient de résulter non seulement de jugements de condamna-
tion, mais encore de simples actes judiciaires, constituant
dans ces conditions une prime à l'avidité des créanciers, qui

______

(1) Art. 9, loi du 23 mars 1855, modifié par la loi du 13 fév. 1889.

trouvent grâce à elle un moyen commode d'échapper à la règle de spécialité quant au gage de l'hypothèque conventionnelle (1).

Or dès qu'il existe une hypothèque générale et indéterminée, comme celle des incapables, fût-elle même inscrite, de quelle utilité est l'inscription qui fait connaître aux tiers le montant des créances garanties par des hypothèques conventionnelles ?

Puis il peut être très difficile pour les tiers de se renseigner sur la situation hypothécaire exacte d'un immeuble. La publicité hypothécaire française en effet est personnelle et non réelle, elle se fait par l'inscription du nom du propriétaire et non par la désignation de l'immeuble grevé. Dès lors un tiers qui veut acheter un immeuble doit connaître non seulement le nom du propriétaire actuel mais encore celui de tous les propriétaires précédents. Si en effet l'inscription ne se conserve que pendant dix années, elle est renouvelable, et elle peut l'avoir été sous le nom du propriétaire précédent, qui l'avait requise. Le tiers par conséquent qui se bornerait à demander au conservateur des hypothèques un état des inscriptions prises contre le propriétaire actuel, serait incomplètement renseigné sur la situation hypothécaire de l'immeuble (2).

Pareil inconvénient ne pourrait se présenter avec un système de publicité réelle, faite par noms d'immeubles. La meilleure indication serait de renvoyer au cadastre, mais depuis longtemps le cadastre n'est plus d'accord avec la vérité, et avant de procéder ainsi, il faudrait le reviser.

Toutes ces critiques, et d'autres encore (3), ont ému les

(1) Baudry et de Loynes, *op. cit.*, t. II, p. 342 et s.
(2) Baudry et de Loynes, *op. cit.*, t. I, préface, p. 39 et 40.
(3) V. Besson, *Les livres fonciers et la réforme hypothécaire*, p. 125 et s.

pouvoirs publics. A diverses reprises, ceux-ci ont cherché à
remédier à ces multiples imperfections.

Le 6 mai 1890 M. Honoré Pontois déposait sur le bureau
de la Chambre des députés plusieurs propositions de loi,dont
deux intéressantes pour le sujet qui nous occupe. L'une, relative à la réorganisation du cadastre et à sa conservation,
avait pour but de rendre celui-ci conforme à la réalité des
choses et de le ramener à une échelle unique pour toute la
France (1); l'autre, plus hardie, abordait franchement la
question de réforme du régime immobilier en France et
dans les colonies. Les réformes proposées, disait l'exposé
des motifs, « ont été inspirées par une étude approfondie
de la législation de l'Act Torrens en vigueur en Australie et
dans certaines colonies anglaises, dont la France vient de
tenter, non sans succès, la mise en application dans sa nouvelle colonie tunisienne (2) ». L'auteur insistait sur l'avantage qui en résulterait pour le crédit agricole, les économies
réalisées par suite de l'inutilité des notaires, des avoués,
des greffiers, la suppression des hypothèques occultes, etc.
Après un rapport sommaire de M. Varlet, la première proposition de loi fut prise en considération par la Chambre des
députés le 16 mars 1891 (3).

Le 27 mai de la même année, M. Pontois revenait à la
charge et déposait encore une proposition de loi relative
à la réforme du cadastre. « C'est la première des réformes
à opérer, était-il dit dans l'exposé des motifs, pour arriver
à une constitution nouvelle de la propriété immobilière
et à une répartition équitable de l'impôt foncier (4). » Ces

(1) *Lois nouvelles,* 1890, 4ᵉ partie, p. 27. *Doc. parl.,* 1890, p. 651.
(2) *Doc. parl.,* 1890, p. 686.
(3) *Lois nouvelles,* 1891, 4ᵉ partie, p. 22.
(4) *Lois nouvelles,* 1891, 4ᵉ partie, p. 34. *Doc. parl.,* 1891, p. 1336.

efforts ont abouti à la création au ministère des finances d'une commission dite du cadastre, chargée « d'étudier les diverses questions que soulève le renouvellement des opérations cadastrales, notamment au point de vue de l'assiette de l'impôt, de la détermination juridique de la propriété immobilière et de son mode de transmission (1) ».

Cette commission a été divisée en plusieurs sous-commissions, dont une, la seule qui nous intéresse, la *sous-commission juridique*, a émis les propositions générales suivantes, inspirées toutes par le désir de satisfaire absolument au principe de publicité : abolition de l'hypothèque judiciaire, publicité et spécialisation des hypothèques légales, extension du principe de publicité aux mutations à cause de mort, substitution de la publicité réelle à la publicité personnelle et par suite création de livres fonciers ayant force probante, enfin création de bons hypothécaires transmissibles par endossement (2).

D'autres propositions de loi, toujours relatives à la réfection du cadastre, furent déposées le 20 janvier 1894 par M. Gendre « venant à l'appui de ce que disait M. Pontois dans sa proposition de loi du 6 mai 1890 » (3), et le 10 février de la même année par M. Boudenoot et plusieurs de ses collègues (4). Cette dernière, adoptée par la Chambre des députés le 11 décembre 1895, fut renvoyée à la commission des finances et transmise au Sénat le 12 décembre de la même année (5).

Tout dernièrement enfin, le 28 octobre 1895, M. Léopold

----

(1) Décret du 30 mai 1891, *Lois nouvelles*, 1891, 3e partie, p. 120.
(2) V. Baudry et de Loynes, *op. cit.*, t. I, *Préface*, p. 49, 50,
(3) *Lois nouvelles*, 1894, 4e partie, p. 19. *Doc. parl.*, 1894, p. 57.
(4) *Lois nouvelles*, 1894, 4e partie, p. 51. *Doc. parl.*, 1894, p. 143.
(5) *Lois nouvelles*, 1895, 4e partie, p. 142.

Thézard saisissait le Sénat de la question (1). Dans l'exposé des motifs de sa proposition de loi, l'auteur constate qu'une réforme radicale et immédiate de notre régime foncier est impossible. Ayant pour base indispensable le cadastre, elle nécessiterait auparavant une réfection totale de celui-ci pour le mettre d'accord avec les situations nouvelles et les changements survenus, ce qui entraînerait une énorme dépense de temps et d'argent (2), et susciterait de nombreux procès de contestations de limites entre propriétaires voisins.

Le remède proposé pour le moment serait moins radical et plus facile à appliquer. Pour que la publicité devînt satisfaisante, il suffirait que l'obligation de faire transcrire fût étendue aux mutations par décès, testamentaires et *ab intestat*, aux partages et licitations entre copropriétaires, aux résolutions de plein droit en matière immobilière, qui, bien que peu fréquentes en pratique, n'en constituent pas moins un danger pour l'acquéreur, aux transactions, à tous les jugements statuant sur une question de propriété immobilière, à tous les actes en un mot qui intéressent cette propriété. La constitution de l'état civil de chaque immeuble serait alors facile. L'auteur propose en même temps diverses mesures pour mettre le cadastre actuel à jour et vulgariser son emploi.

Le même besoin de réformes s'est fait sentir jusque dans nos colonies les plus lointaines. C'est ainsi que M. Noël Pardon, gouverneur de la Nouvelle-Calédonie et dépendances, a préparé un projet de décret « *sur la conservation et la transmission de la propriété foncière, des hypothèques et des autres*

---

(1) Annexe au procès-verbal de la séance du Sénat du 18 octobre 1895. *J. O.*, 29 oct. 1895.

(2) Certains disent de 200 à 300 millions et 20 ans de travail.

droits réels immobiliers en Nouvelle-Calédonie », projet précédé d'un rapport du 29 août 1891 (1).

Devant cette préoccupation générale des esprits, il nous a paru intéressant d'étudier ce qui a été fait dans cet ordre d'idées, dans un pays actuellement placé sous le protectorat français et qui, peut-être un jour sera annexé à la France. — Nous voulons parler de la Tunisie.

Avant l'occupation française, celle-ci était régie par la loi musulmane, qui aujourd'hui encore forme le droit commun de la propriété foncière. Or les inconvénients du système français se retrouvent, encore aggravés, dans la législation indigène ; il y avait là un obstacle sérieux à la colonisation européenne et à la mise en valeur des richesses naturelles du sol.

Aussi quelques années après l'occupation, en 1885, une loi, modifiée depuis, est venue appliquer en Tunisie un régime foncier analogue à celui qui fonctionne en Australie et dans plusieurs autres pays sous le nom de systèmes *Torrens*. La réforme est maintenant en pleine voie d'application, n'est-il pas intéressant d'en constater les progrès?

L'économie politique, en effet, comme les sciences morales et les sciences naturelles, a pour méthode l'observation. Sans doute on doit tenir compte des différences de milieu et de condition, et ne pas croire qu'une institution qui produit de bons résultats dans un pays déterminé doive être nécessairement excellente dans un autre pays placé dans des conditions différentes. — Mais tout en se défiant d'un engouement exagéré pour les institutions étrangères, il ne faut

(1) Publié par le ministère des colonies (à cette époque sous-secrétariat des colonies).

V. également : Dislère, *Législation coloniale.* G. Cudenet, La question du domaine en Nouvelle-Calédonie et dans les autres colonies (*Bulletin de la Société des études coloniales et maritimes,* 1894). Edouard Petit, *Organisation des colonies françaises* (t. II, p. 114 et suiv.).

pas non plus nous renfermer dans une aveugle admiration pour les nôtres et dédaigner systématiquement les enseignements qui nous viennent du dehors. — Les idées *a priori* et les systèmes préconçus sont aussi à craindre dans un sens que dans l'autre.

C'est à ce point de vue que nous nous sommes placé pour étudier le régime foncier tunisien. — La loi française d'immatriculation étant facultative, deux systèmes sont ici en présence, et fonctionnent parallèlement : l'un, le système indigène, présente tous les inconvénients de clandestinité reprochés à la loi française, l'autre au contraire applique le principe de publicité de la manière la plus absolue. — La Tunisie constitue actuellement un admirable champ d'expérience, qui permet d'apprécier la valeur des deux régimes. Sans vouloir en tirer argument pour la réforme à introduire en France, nous nous proposons donc d'étudier la législation musulmane en faisant ressortir ses défectuosités, puis la réforme de 1885.— Nous montrerons en terminant la faveur avec laquelle celle-ci a été accueillie par le public et les excellents résultats qu'elle a produits au point de vue de la colonisation.

Peut-être y a-t-il là un exemple précieux pour ceux que préoccupe l'avenir de la question immobilière en France.

CHAPITRE PREMIER

LOI TUNISIENNE.

SECTION PREMIÈRE

SOURCES DE LA LÉGISLATION.

La législation qui régit les biens en Tunisie est essentiellement religieuse, elle a été empruntée au Coran et aux livres saints de la religion mahométane.

Dans les pays d'Occident, s'il existe fréquemment une religion d'État, du moins la distinction entre le domaine civil et le domaine religieux est nettement établie ; il en est autrement dans les pays musulmans, la religion y est non seulement prépondérante, mais exclusive ; elle comprend et embrasse tout, et l'acte de la vie qui paraît le plus en dehors d'elle ne saurait lui être indifférent.

Un seul droit existe donc, droit religieux, fondé sur le livre religieux par excellence, le Coran, dont la haute influence s'explique en ce qu'il est non un livre sorti de la main des hommes, mais un livre de Dieu. C'est l'ensemble des révélations faites par le Seigneur à son prophète (1).

---

(1) Lorsqu'un musulman cite un verset du Coran, il ne dit jamais : Mahomet, ou le prophète, a dit, mais : Dieu a dit.

Aussi le Coran porte-t-il indifféremment les noms de : al Coran ou Kour'an, le livre par excellence ; el Kitâb, le livre ; Kitâb-Oullah, livre de Dieu ; Kelimet-Oullah, parole de Dieu ; el Tenzil, le livre descendu d'en haut ; el Dhikr, l'admonition ; el Forkan, la distinction (entre le licite et l'illicite, le bon et le mauvais) ; el Mos'haf, le volume.— (Coran, trad. Kasimirski.)

Ces révélations ont été nombreuses, elles envisagent, dans l'esprit des musulmans, toutes les situations dans lesquelles un croyant peut se trouver, elles prévoient toutes les hypothèses. Un cas, qui semble nouveau, vient-il à surgir, une solution nouvelle, de droit ou autre, est-elle à chercher, il faut avoir recours au Coran où elle se trouve certainement, bien que cachée parfois et confuse.

L'exposé des préceptes de la loi manque d'ailleurs absolument d'ordre et de clarté ; les préceptes moraux s'y rencontrent avec les règles religieuses civiles et politiques ; le tout se mêle de promesses et de menaces relatives à la vie future, d'emprunts faits à la bible, à l'évangile, aux traditions arabes, etc. (1).

La manière dont la rédaction en a été faite explique cette incohérence. Mahomet n'a rien écrit, lorsqu'il parlait, ses disciples s'empressaient de prendre des notes sur tous les objets à leur portée, papyrus, tablettes de bois, fragments d'os, etc., qu'on jetait ensuite pêle-mêle dans un coin de la Kasba. Ce tas de matériaux formait le Coran. Après la mort du Prophète, on voulut recopier et réunir ces fragments épars : les avis furent alors partagés, les uns voulant mettre un peu d'ordre et de méthode dans ce chaos informe, les autres, emportés par leur zèle fanatique, s'écriant que changer quoi que ce fût à ce qui existait serait sacrilège, on devait noter à la file les révélations inscrites en prenant les fragments dans le tas de matériaux, tels qu'ils se présenteraient, la volonté

____

(1) V. Kasimirski, *op. cit.*, notice biographique de Mahomet.

« Le Coran n'est pas à proprement parler un code, c'est un livre religieux : Mahomet y donne seulement des règles de conduite, d'où la vénération des fidèles s'est efforcée de tirer toutes les règles du droit. C'est tout à la fois un hymne, un psaume, une prière, un code, un sermon, un bulletin de guerre, une polémique et même une histoire. » (Barthélemy St-Hilaire, *Mahomet et le Coran*, p. 201 et p. 189, note 1.)

de Dieu guidant la main des compilateurs. Cette dernière opinion prévalut (1).

Outre ces révélations, les compagnons du Prophète rédigèrent encore ce qu'ils se rappelaient des préceptes, des paroles et des actes de leur maître. Ces écrits traditionnels composèrent *la Sonna*.

Des commentateurs se proposèrent ensuite d'étudier et d'éclaircir les textes obscurs du Coran et de la Sonna. Leurs avis malheureusement ne concordaient pas toujours, ils donnaient souvent des interprétations différentes ; si l'on ajoute que ces commentateurs furent commentés à leur tour de nombreuses fois, on ne s'étonnera pas de voir bientôt arriver l'anarchie à son comble, des schismes éclater et menacer dans son existence le culte nouveau, deux siècles à peine après sa fondation.

Afin de porter remède à cette situation, les docteurs se réunirent et décidèrent de recueillir les enseignements des principaux chefs d'école, seuls déclarés désormais orthodoxes. Il devenait interdit sous peine de sacrilège de revenir sur ce qui avait été arrêté et de fonder des écoles nouvelles.

Ces quatre écoles ou rites ont pris le nom de chacun de leurs chefs respectifs, ce sont : les rites malékite, hanéfite, chafaïte et hanbalite. Les trois premiers sont du IIe siècle de l'Hégire, le dernier du IIIe siècle.

Ils diffèrent quelque peu au point de vue de l'interprétation et de l'application de la loi religieuse, mais très peu au point de vue du droit civil.

Chaque musulman a le droit de choisir le rite qu'il désire lui être appliqué dans chaque affaire, mais une fois son choix fait et l'affaire engagée, il ne peut plus revenir sur sa décision.

(1) *Rev. alg.*, 1895.1.176, note 1.

Les deux premiers rites sont seuls suivis en Tunisie, et le rite malékite, rite national, est plus usité que le rite hanéfite, d'importation turque. Celui-ci a néanmoins une certaine importance puisque le tribunal du Charà, tribunal de droit commun en matière immobilière quand des tunisiens sont seuls en cause (1), se compose de deux chambres : une malékite, présidée par le Bach-mufti, l'autre hanéfite, présidée par le Cheikh-ul-islam. Certaines questions mêmes, tels les enzels, les échanges de habous, les hypothèques, etc. (2), ne peuvent être soumises qu'à un magistrat du rite hanéfite.

Telle est la loi indigène qui régit la propriété en Tunisie. Nous nous proposons d'examiner successivement les formes sous lesquelles se manifeste cette propriété, son origine, sa constitution et son organisation; puis les droits réels qui en constituent les démembrements. Nous étudierons ensuite les modes d'acquisition de la propriété et des droits réels, et leurs modes de preuve, nous attachant à faire ressortir les inconvénients de la législation indigène, et la nécessité qu'il y avait pour le législateur français d'intervenir par une loi foncière nouvelle.

SECTION II

DE LA PROPRIÉTÉ ET DE SES TENURES. — BIENS MELK. — BIENS HABOUS.

D'après un principe admis par toutes les législations musulmanes, Dieu, auteur de toutes choses, est le maître de la

---

(1) Et qu'il s'agit d'immeubles non immatriculés, bien entendu, comme nous le verrons dans le chapitre II.

(2) Dianous, *Notes de législation tunisienne*, p. 75, note 2.

terre et de tout ce qu'elle renferme (1) ; c'est lui le souverain propriétaire. Si les hommes peuvent acquérir sur les choses un certain droit, celui-ci reste soumis au droit suprême du Créateur, ils jouissent de la propriété utile, le domaine éminent est réservé à Dieu.

Cette conception domine également la législation tunisienne, aussi lorsque nous parlerons du domaine éminent et du domaine utile des hommes sur les choses, entendrons-nous toujours un droit de propriété soumis au droit supérieur de Dieu.

L'État tunisien a un domaine important qui se subdivise comme chez nous en domaine privé et domaine public. Le domaine public, dont une partie, concédée à l'autorité militaire française, forme le territoire militaire, est inaliénable et imprescriptible.

En ce qui concerne le domaine privé de l'État, il est soumis au même régime que celui qui appartient aux autres personnes morales et aux particuliers. C'est de cette catégorie de biens que nous nous occuperons seulement.

Ces biens se présentent sous deux formes distinctes, on peut les posséder à titre melk ou à titre habous (2) ; ce sont les deux tenures fondamentales de la propriété en Tunisie (3).

---

(1) Cpr. de Laveleye, *De la propriété et de ses formes primitives*, p. 334. Coran, chap. II, verset 101.
      — III — 124.
      — V — 20 et 120,

(2) On dit aussi Oukaf, Ouakouf, Ouakf, suivant les pays, nous préférons le mot habous, uniquement employé dans la régence.

(3) Les biens tenus à titre arch, c'est-à-dire propriété collective d'une tribu, nombreux en Algérie, sont inconnus en Tunisie (V. Dain, *Le système Torrens, de son application en Tunisie et en Algérie*, p. 5).

§ 1. — Caractères juridiques de ces deux modes de tenure.

A. — Biens melk. — Les biens tenus à titre melk, ou biens melk, comme on les appelle couramment. sont ceux sur lesquels on exerce un droit de propriété pleine et entière, tel que nous le concevons en France. Ils ont les mêmes caractères que les biens français qui sont dans le commerce.

Il n'en est pas de même des biens tenus à titre habous, qui nécessitent de plus grandes explications.

B. — Biens habous (1). — Actuellement les biens tenus à titres habous se divisent en deux catégories :

1º Les habous publics dont la pleine propriété appartient à une œuvre pie ;

2º Les habous privés, dont la nue propriété seule a été abandonnée à l'œuvre pie, le constituant ayant réservé l'usufruit pour lui ou pour d'autres bénéficiaires. Lorsque tous ces bénéficiaires font défaut, l'usufruit revient à la fondation pieuse, et de privé, le habous devient public.

La conception originaire de la propriété tenue à titre habous était quelque peu différente. Sidi Khelil donne la définition suivante, d'après Ibn-Arfa, de l'acte juridique de Habous (2) : « Le habous est la donation de l'usufruit d'une chose, pour une durée égale à celle de la chose ; la nue propriété reste au donateur, réellement pendant sa vie, et fictivement après sa mort. » Cette donation a pour but d'attirer au donateur les bénédictions divines, le donataire étant tou-

---

(1) Voir sur le Habous le *Traité de droit musulman* de Sautayra et Cherbonneau, tome II, nᵒˢ 888 à 960 ; une étude de M. Ernest Mercier, *Revue alg.*, 1895. 1.173 ; note de M. Paul Bonnard parue dans le *Bulletin de la Société de législation comparée*, 1893, p. 465 ; *La Tunisie*, t. II, p. 21 à 37 ; *Traité de droit musulman* de Zeys, t. II, p. 181 à 192.

(2) Mokhtaçar, p. 389.

jours une œuvre pie, comme une mosquée, un collège musulman, ou les pauvres devant bénéficier de la libéralité.

Mais par la constitution de habous, telle que nous la présente la définition d'Ibn-Arfa, le constituant se dépouillant actuellement de tous les avantages de la chose, doit hésiter à faire la donation. Aussi pour en augmenter le nombre, la pratique est-elle venue corriger ce que cette prescription avait de trop rigoureux, et changer complètement le caractère juridique du habous.

C'est ainsi qu'on finit par permettre au constituant de réserver l'usufruit à lui d'abord, puis à toute une série de gratifiés successifs désignés par lui, à condition que le dernier de ces gratifiés fût une œuvre pie. Le constituant continuant à être nu propriétaire et jouissant de l'usufruit, la fondation pieuse ne bénéficie de rien dans le présent, l'acte de constitution renferme seulement une *donation irrévocable dont la réalisation est reculée*.

Telle est la conception de la propriété tenue à titre habous dans le rite malékite.

Dans le rite hanéfite au contraire, dès la constitution de habous, le donateur cesse d'être propriétaire pour devenir simple usufruitier, la nue propriété allant immédiatement au gratifié final. Cette conception est l'antithèse exacte de celle d'Ibn Arfa.

De cette divergence entre les deux rites résulte notamment cette conséquence qu'en cas de danger de perte du fonds grevé de habous, dans le rite malékite, le constituant ou ses héritiers peuvent intervenir ; dans le rite hanéfite le gratifié final le peut seul, les autres n'étant que des usufruitiers (1).

(1) C'est ainsi que le tribunal français jugeant d'après le rite hanéfite dans une affaire où les villes saintes de La Mecque et Médine (Haramaïnes) étaient

A quelque rite qu'il appartienne, le donateur peut être facilement généreux puisqu'il ne se prive de rien ; ses descendants, s'il le veut, continueront à jouir de l'immeuble habousé ; d'un autre côté, le donataire final (les pauvres ou une œuvre pie quelconque, c'est-à-dire Dieu) y trouve aussi son compte, puisqu'il est certain qu'à un moment donné la donation lui reviendra. Aussi le nombre des biens habous et devenus ainsi de mainmorte, est-il considérable (1) et tend-il à s'accroître tous les jours, au grand préjudice de la fortune publique dont un des principaux facteurs est la libre circulation des biens.

Les biens habous en effet sont inaliénables et ne peuvent être échangés qu'avec l'autorisation du cadi, ou pour cause d'utilité publique (2). Le bien reçu en échange devient habous à la place de l'autre.

Le habous peut être constitué à terme ou pour un temps limité, le constituant pouvant faire toutes dispositions qu'il lui plaît (3).

La prescription acquisitive ne court pas contre les habous, d'après le rite malékite ; elle est de 33 ans d'après le rite hanéfite (4).

Le habous privé est administré par la personne (*mokaddem*)

désignées comme gratifiées dans le cas où la descendance du constituant viendrait à s'éteindre, a reconnu aux Haramaïnes, en leur qualité de gratifiés définitifs le droit d'intervenir pour la sauvegarde du habous, dans une instance concernant la propriété, pendante entre les bénéficiaires et des tiers (affaire consorts Ben-Ayed contre Proal. — Trib. de Tunis, 11 juin 1891, Cour d'Alger, 28 janv. 1893 (*Rev. alg.*, 1893.2.131).

(1) V. Dain, *op.cit.*, p. 4.

(2) En Algérie depuis la loi du 26 juillet 1873, les biens habous sont devenus aliénables et prescriptibles (V. Sautayra et Cherbonneau, *op.cit.*, t. II, n° 953).

(3) V. Mokhtaçar, art. 1255 et s.

(4) Un jugement du tribunal de Tunis du 27 mai 1895 (*Journ. des trib. franç.*, 1895, p. 462) a consacré cette dernière doctrine pour les habous non immatriculés.

désignée par le fondateur, par le fondateur lui-même ou ses descendants, ou par un mokaddem désigné par le cadi. Les habous publics, en Tunisie, sont administrés par la *Djemaïa* (1), véritable conseil d'administration, ayant lui-même des préposés appelés *naïbs* et *oukils*.

Cette Djemaïa exerce un contrôle absolu sur tous les habous publics de la Régence, sauf sur ceux de la Grande Mosquée dont elle peut seulement examiner les comptes pour donner quelques conseils à l'Iman qui est à sa tête. — Elle a un droit de surveillance sur l'administration des autres, et en particulier sur ceux dévolus éventuellement aux Haramaïnes.

Les administrateurs des habous n'ont sur eux que des pouvoirs d'administration (2). — Ils peuvent en conséquence les louer, mais seulement aux enchères publiques (3), et pour trois ans au plus (4). Tout bail dépassant cette durée est nul pour le surplus, au moins en ce qui regarde les bénéficiaires intermédiaires qui n'ont pas consenti au bail, car tenant leur droit non de leur prédécesseur, mais de l'acte même de constitution de habous, ayant en un mot la vocation directe, ils ne peuvent être engagés par les actes de leurs prédécesseurs autres que le fondateur (5).

La Djemaïa représente en justice les habous publics, — les habous privés sont représentés par leurs administrateurs (6).

(1) Réglementée par décret du 2 juin 1874, complété et modifié par deux décrets du 28 mars 1880 (Bompard, *Législation de la Tunisie*, p. 195, 200, 201, 202).

(2) En effet « les propriétés habous ne peuvent être ni vendues, ni hypothéquées, car les ayants droit, ne jouissant que de l'usufruit ne peuvent disposer de la propriété » (Décret du 15 chaoual 1277-26 avril 1861, art. 500. Bompard, p. 136).

(3) Décret du 30 moharrem 1291-19 mars 1874, art. 11 (Bompard, p. 193).

(4) Décret du 15 chaoual 1277-26 avril 1861, art. 564 (Bompard, p. 139).

(5) V. Trib. de Tunis, 20 mars 1895 (*Journ. des trib. franç.*, 1895, p. 299).

(6) V. Trib. de Tunis, 26 décembre 1887 (*Journ. des trib. franç.*, 1895, p. 448).

§ 2. — Origine et constitution de ces deux modes de tenure.

A. — Biens melk. — On a très peu d'éléments pour se reporter à la date exacte de la constitution de la propriété melk en Tunisie depuis la conquête arabe.

D'après la tradition, les biens des peuples conquis devinrent la propriété de la collectivité musulmane, représentée par le souverain, qui seul avait le droit d'en disposer. — Par peuple conquis, il faut entendre seulement ceux qui ont résisté les armes à la main. Les autres ont vu leurs droits de propriété respectés, sans même que leur conversion à l'islamisme fût obligatoire. — A l'origine, il y aurait eu ainsi trois sortes de biens :

1º Les biens de conquête, ou de *Kharadj*, appartenant en fait au souverain. — Ceux de ces biens qu'il ne pouvait cultiver, ou terres mortes, devenaient par vivification ou par prescription la propriété des particuliers, comme cela a lieu encore aujourd'hui, d'après le droit commun musulman, pour les terrains incultes du beylic.

2º Les terres distribuées par le souverain à ses compagnons d'armes.

3º Les biens laissés aux autochtones.

Les étrangers ne pouvaient être propriétaires (1).

Quant aux conditions de validité de la constitution de la propriété melk, elles sont les mêmes qu'en droit français, nous n'avons pas à les examiner.

B. — Biens habous. — Les musulmans seuls peuvent constituer habous (2) tout droit quelconque pouvant compter

(1) Il n'en est plus ainsi aujourd'hui. V. traités entre l'Angleterre et la Tunisie, du 10 octobre 1863 ; — entre l'Italie et la Tunisie, du 8 septembre 1868, qui ont servi de types à tous les autres (Bompard, *op. cit.*, p. 459 et 461).

(2) Mokhtaçar, art. 1240.

dans un patrimoine, ne serait-ce qu'un droit d'usage acquis moyennant loyer, un animal ou un esclave (1). La chose habousée doit appartenir au constituant et être déterminée au moins dans son genre et dans sa quantité.

Les gratifiés intermédiaires peuvent être toutes personnes qu'il plaît au constituant pourvu que ces personnes soient musulmanes, le gratifié final doit toujours être une œuvre pie (2).

L'acte de constitution de habous consiste dans une déclaration unilatérale pour laquelle aucune forme sacramentelle n'est requise (3). Cependant, en pratique, le habous est toujours constitué devant deux notaires. La constitution peut être valablement faite par mandataire. Si par exemple un musulman en pays non-musulman veut établir un habous, il lui suffit de manifester sa volonté à un de ses coreligionnaires. Celui-ci prend note de la déclaration, et, rentré dans son pays, va trouver les notaires pour constituer valablement le habous au nom de son mandant (4).

Le habous n'est pas particulier à la régence, il est connu dans tous les pays musulmans (5).

Son origine est très ancienne et non moins confuse, nous

(1) Mokhtaçar, art. 1233.

(2) Ce sont là les principales conditions de validité de la constitution de habous; pour les autres, voir Mokhtaçar, art. 1238, 1240, 1241, 1242, 1243, qui les énumère d'une manière très complète.

(3) Mokhtaçar, art. 1246.

(4) C'est ce qui est arrivé il y a quelques années au général Husseïn. Se trouvant à Florence, il voulut constituer un habous au profit des consorts Bou-Agheb (gratifiés intermédiaires). Par hasard, un notaire tunisien en voyage se trouvait lui-même à Florence. Le général Husseïn lui déclara son intention de constituer habous un de ses immeubles, et le habous fut plus tard validé par le Chara. Le habous eût été aussi bien validé si au lieu d'un notaire, c'eût été un simple particulier, musulman bien entendu, qui eût reçu la déclaration.

(5) Biens mirieh d'Egypte et vacoufs de Turquie. Laveleye, *La propriété et ses formes primitives*, p. 355 et s.

avons gardé cette question pour la fin, car il était difficile d'en parler avant d'avoir dit en quoi il consistait.

Le Coran est muet à son égard, on n'y trouve, au dire des musulmans les plus érudits, aucun passage s'y rattachant. D'après certains jurisconsultes arabes, Mahomet serait son véritable créateur. Ses fidèles lui faisaient de nombreux dons, devenus sacrés par cela même qu'ils étaient la propriété du prophète. Afin de perpétuer ce caractère, celui-ci résolut de les rendre inaliénables, pour que spectacles de sa grandeur et de sa puissance, ils lui survécussent et lui servissent en quelque sorte de témoignage devant la postérité. Il consentit seulement à en attribuer les revenus aux siens (1).

Le habous était fondé. Il devait se répandre de plus en plus sous les Khalifes. A cette époque, en effet, les chefs musulmans, tout puissants, pouvaient à leur gré disposer de la vie et des biens de leurs sujets. Ceux-ci trouvèrent dans le habous un moyen sûr de préserver leurs descendants, ainsi que les œuvres pieuses, contre l'arbitraire et les déprédations de leurs maîtres. Comme en pays musulman, il n'est personne qui ne croie à Dieu et à l'existence future, on eut soin d'entourer la déclaration et la constitution de habous d'une formule terrible qui voue à tous les châtiments celui assez osé pour y porter la main (2).

(1) On raconte aussi qu'un jour Omar aurait dit à Mahomet : « Maître j'ai un bien parmi mes biens, qui m'est aussi cher que la prunelle de mes yeux ; que faut-il faire pour qu'il me survive et qu'il me soit un moyen d'obtenir les faveurs du Très-Haut ? »

« Mets-le en habous, aurait répliqué Mahomet, et distribues-en le revenu aux pauvres » (V. *Droit musulman*, Sautayra et Cherbonneau, tome II, n° 888). V. aussi *La Tunisie*, tome II, p. 22.

(2) « Ce habous est perpétuel, dit la formule, il ne saurait être modifié, ni détourné de sa destination, ni vendu, ni donné, ni dévolu en héritage, et ce jusqu'à ce que Dieu hérite de la terre et de ce qu'elle porte. Il est certes le meilleur des héritiers.

Quiconque le changera après en avoir pris connaissance commettra un pé-

Leurs espérances de ce chef furent réalisées, et il n'est pas d'exemple qu'un habous régulier ait été violé par un musulman.

ché... Dieu entend tout et sait tout.

Celui qui le modifiera ou l'affectera à un autre emploi, en rendra compte à Dieu qui en tirera vengeance. Ceux qui commettent des injustices sauront quelle fin leur est réservée. »

Voici du reste, à titre de curiosité le modèle d'un acte de fondation habous malékite d'après le manuel des actes civils d'Ebnou-Selmoun.

(Extrait de Worms, *Recherches de la constitution de la propriété territoriale dans les pays musulmans et subsidiairement en Algérie*, Paris, Franck, 1846.)

A fait habous et wakf à perpétuité (moubadan) un tel, en faveur de ses enfants, un tel et un tel, mineurs et sous sa puissance, ensemble tous les domaines sis à tel endroit, ainsi limités, avec leurs dépendances, réserves, et tous accessoires, et en faveur de ceux des enfants qui pourraient lui naître encore par la volonté de Dieu, à égalité et en communauté entre eux tous, puis en faveur de leurs descendants et descendants de leurs descendants dans l'ordre de propagation de leur lignée.

Les enfants n'entreront pas en jouissance avec leurs pères, et la part de ceux d'entre eux qui mourraient sans postérité retournerait aux survivants dans les mêmes conditions : mais quand les derniers d'entre eux seront venus à disparaître, et quand il n'en existera plus un seul, cet immeuble deviendra habous en faveur des pauvres de telle ville ou de telle mosquée, pour les revenus en être employés à l'avantage de ces pauvres ou de cet établissement, année par année, après toutefois que, sur les revenus, on aura pourvu à l'entretien de l'immeuble en fait de construction, et d'autres frais éventuels qu'il comporte ; et il est ainsi institué en habous parfait et perpétuel; comme il a été dit, sans qu'il doive être rien changé ni altéré jusqu'à ce que Dieu en hérite, qui veille à ce qui vient de lui et à l'observation des conditions imposées, héritant de la terre et de ceux qui sont dessus ; et il est le meilleur des héritiers. Par cet acte, le fondateur a eu en vue la faveur du Dieu Très-Haut et a voulu toucher sa bonté infinie, et Dieu ne lui refusera pas le salaire de cette œuvre méritoire. Et si quelqu'un ose toucher à ce habous ou y changer quelque chose, qu'il en soit comptable à Dieu, qui fera justice et entière vengeance, et ceux qui auront fait violence ou détruit seront eux-mêmes détruits. Et le fondateur a délivré et transféré (istihaez) la disposition de l'immeuble habous à ses fils susdits, et stipulé le retour en faveur de ceux qui pourront lui naître plus tard, selon ce qui est obligatoire en pareille matière, et fait pour eux le transfert à lui-même ; et il en connaît la valeur et les obligations qui s'en suivent, et il a rendu témoignage à cet égard sur son âme, et il est en état de santé légale.

SECTION III

DROITS RÉELS, DÉMEMBREMENTS DE LA PROPRIÉTÉ.

§ 1. — Enzel.

Le démembrement le plus en usage en Tunisie est l'enzel (1).

« Les légistes musulmans de la Régence, écrivait en 1885 M. Alfred Dain, considèrent l'enzel comme une location *perpétuelle*, moyennant une redevance annuelle *invariable* (2). »

On n'est pas d'accord sur l'origine de ce contrat, qui paraît très ancien en Tunisie. Il est probable qu'il a été imaginé pour tourner la règle de l'inaliénabilité des biens habous. Les œuvres pies à qui revenaient ces biens, tout en voyant s'accroître sans cesse leur immense domaine (3), demeuraient gênées par l'excès même de leurs richesses, n'ayant pas les capitaux suffisants pour mettre leurs terres en valeur, et ne pouvant s'en procurer en en aliénant une partie.

Des légistes vinrent à leur secours et leur proposèrent un ingénieux stratagème : il s'agissait non plus de vendre le droit de propriété lui-même, mais bien tous les avantages qu'on retirait de son exercice, d'aliéner, en un mot, le domaine utile en se réservant le domaine éminent. Et pour rassurer les âmes timorées, que cet accroc donné à la loi eût pu effa-

(1) Il est bien entendu que nous ne parlons ici que de l'enzel tel que le comprend la loi musulmane, et non de l'enzel réglementé par les lois du 1er juillet 1885 et suivantes.

(2) *Rev. alg.*, 1885. 2. 203, note.

(3) D'après les uns, le quart du sol tunisien serait frappé de habous, d'après les autres le tiers (V. Dain, *op. cit.*, p. 4).

roucher, cette aliénation n'eut pas lieu en considération d'un capital, mais bien en échange d'une rente, de manière à présenter encore plus de ressemblance avec un louage ordinaire ; mais comme c'était une aliénation définitive, la rente était *perpétuelle* et *invariable*.

Applicable à l'origine aux biens habous seuls, l'enzel n'aurait pas tardé à être employé par les propriétaires de biens melk qui y trouvaient avantage.

On a prétendu assigner à l'enzel une origine plus ancienne encore. Il ne serait qu'un souvenir du colonat romain introduit autrefois dans la régence (1). Cette hypothèse ne nous paraît cependant guère vraisemblable, car l'enzel n'implique pas comme le colonat une idée d'asservissement pour le débi-enzéliste qui peut céder son droit quand il le veut et n'est aucunement attaché à la terre.

Par ses caractères juridiques, que nous examinerons plus loin, il semble que l'enzel se rapproche davantage de l'emphytéose, et la ressemblance s'accentue, si l'on compare l'origine de l'emphytéose à celle que nous avons assignée comme probable à l'enzel.

Au bas-empire romain, en effet, les cités devenues propriétaires de territoires considérables ne pouvaient les exploiter par elles-mêmes. On imagina alors une sorte de bail perpétuel par lequel le preneur jouissait de tous les avantages attachés à l'exercice du droit de propriété tant qu'il payait une redevance fixe et périodique appelée vectigal ; il avait sur la chose donnée à bail un droit réel. Les grands propriétaires imitèrent bientôt cet exemple, et donnèrent leurs terres à bail par un contrat analogue, appelé emphytéose. — Le *jus in agro vectigali* et le *jus emphyteuticum* ne

(1) V. article de M. P. Sumien, *Rev. alg.*, 1893. 1. 201.

différaient que par le caractère des bailleurs ; bientôt ils se confondirent sous le nom général d'emphytéose (1).

L'analogie entre le rôle joué en Tunisie par les œuvres pies pour la création de l'enzel, et celui joué autrefois par les cités romaines pour la création de l'emphytéose, est frappante.

Nous nous proposons d'étudier la nature du droit d'enzel, ses effets, son extinction, et sa valeur économique. Toutefois, avant de parler de la nature du droit d'enzel lui-même, il est indispensable de dire quelques mots de la nature du contrat qui lui donne naissance, la première dérivant de la seconde.

Les jurisconsultes arabes considèrent le contrat d'enzel, comme un contrat de bail perpétuel, une sorte de louage. Mais, en droit musulman, le louage lui-même n'est qu'une variété de la vente ; en effet, d'après Sidi Khelil, c'est « *la vente de la jouissance* temporaire d'une chose mobilière ou immobilière (2) », « le louage, dit M. Zeys, est *l'achat de la jouissance* d'un bien immobilier..., le louage étant *une vente*, avec cette seule différence que celle-ci comporte l'aliénation de la chose elle-même, tandis que celui-là implique la notion de l'aliénation de la jouissance seule de la chose, la capacité imposée est la même dans les deux contrats (3) ». Le louage est donc la *vente temporaire* du domaine utile d'un immeuble, l'enzel en est la *vente perpétuelle*.

Avant d'en arriver à cette conception, la jurisprudence a été longtemps hésitante. Plusieurs avis s'étaient fait jour sur la question. Les uns ne voyaient dans le contrat d'enzel qu'une sorte de vente à forme particulière, le preneur de-

(1) V. Accarias, *Précis de droit romain*, tome I, n° 283 *bis*.
(2) Mokhtaçar, p. 339.
(3) *Traité élémentaire de droit musulman*, tome II, p. 149, n°ˢ 577 et 580.

venant propriétaire absolu de la chose (1) ; d'autres au contraire considéraient l'enzel comme un contrat assimilable au louage, une sorte de louage perpétuel, le bailleur ayant un droit personnel au prix du bail, le preneur un simple droit de jouissance (2).

La Cour d'Alger a mis fin à ces hésitations en déclarant, le 8 mai 1889, que le contrat d'enzel est un contrat *sui generis* consistant dans « l'aliénation du domaine utile d'un immeuble frappé de habous » (3).

La jurisprudence n'a pas varié depuis (4). Cette aliénation a lieu en considération d'une rente annuelle et perpétuelle. Le droit du bailleur, ou crédi-enzéliste, et celui du preneur, ou débi-enzéliste, sont deux droits de propriété distincts, l'un portant sur le domaine éminent, l'autre sur le domaine utile de l'immeuble ; ce sont deux droits réels immobiliers.

La jurisprudence en a tiré plusieurs conséquences : ils peuvent être saisis immobilièrement (5) ; ils peuvent faire l'objet d'une hypothèque et d'un gage immobilier (6) ; le cessionnaire d'un droit d'enzel n'est pas tenu à la signification exigée par l'article 1690 du Code civil (7) ; en cas de contestation intéressant le droit d'enzel lui-même, le juge de paix est incompétent pour résilier le contrat comme pour prononcer la résolution d'une vente immobilière (8) ; les tribunaux fran-

---

(1) Trib. de Tunis, 14 janvier 1884, *Rev. alg.*, 1885. 2. 203 ; Trib. de Tunis, 18 fév. 1887, *Rev. alg.*, 1890. 2. 429, note.

(2) Alger, 4 janv. 1887, *Rev. alg.*, 1887. 2. 88.

(3) *Rev. alg.*, 1890. 2. 429.

(4) Sousse, 24 oct. 1889, *Rev. alg.*, 1890. 2. 433, note ; Tunis, 19 déc. 1889, *Rev. alg.*, 1890. 2. 432, note ; Tunis, 27 fév. 1890, *Rev. alg.*, 1890. 2. 437 ; Tunis, 10 mars 1893, *Rev. alg.*, 1893. 2. 379 ; Alger, 23 mars 1896, *Rev. alg.*, 1896.2. 297.

(5) Tunis, 3 nov. 1888, *Rev. alg.*, 1890. 2. 431, note ; cpr. Tunis, 5 août 1893, *Rev. alg.*, 94. 2. 78.

(6) Tunis, 27 fév. 1890, *Rev. alg.*, 1890. 2. 438.

(7) Tunis, 15 mai 1893, 2 jugements, *Rev. alg.*, 1893. 2. 307. 313.

(8) Tunis, 19 déc. 1889, *Rev. alg.*, 1890. 2. 432 note.

çais sont d'ailleurs incompétents quand le débat porte sur l'enzel d'un immeuble non immatriculé et qu'une des parties est tunisienne, cette compétence étant exclusivement réservée aux tribunaux indigènes (1) ; le droit du débi-enzéliste peut s'acquérir par prescription, au profit de celui qui a possédé un immeuble à titre de débi-enzéliste, pendant le temps requis pour prescrire (2).

Le droit du crédi-enzéliste est double : en tant que portant sur le domaine éminent de l'immeuble afin de garantir le paiement ultérieur des arrérages, il est réel, immobilier et indivisible (3) ; en tant que portant sur les arrérages échus, il est personnel et mobilier. Aussi le crédi-enzéliste a-t-il plusieurs actions à son service si le débi-rentier ne paie pas les arrérages convenus : il peut le poursuivre par une action personnelle en paiement des arrérages échus, demander la résiliation du contrat, ou provoquer l'expropriation de l'immeuble (4).

Si même, au cas où la rente d'enzel est due par plusieurs débi-enzélistes sans cantonnement, un seul d'entre eux vient à ne pas payer, son droit étant indivisible, le crédi-rentier peut poursuivre l'expropriation pour le tout (5).

Sans avoir un droit de surveillance sur la gestion du débi-enzéliste, il peut cependant s'opposer à ce que celui-ci déprécie d'une manière dolosive la valeur de l'immeuble.

Le débi-enzéliste de son côté est considéré comme un vé-

(1) Sur le caractère de cette incompétence, voir chap. II, VIIe section, § V.

(2) Tunis, 15 mai 1893, *Rev. alg.*, 1893, 2. 311.

(3) Il a de ce fait une action contre tout détenteur de l'immeuble pour le paiement de la redevance (Tunis, 3 nov. 1888, *Rev. alg.*, 1890, 2. 430, note).

(4) Tunis, 28 nov. 1887, *Rev. alg.*, 1890. 2. 431, note ; Cpr. Sousse, 24 oct. 1889, *Rev. alg.*, 1890. 2. 433, note ; Tunis, 19 déc. 89, précité.

(5) Tunis, 17 mars 1893, *Rev. alg.*, 1893. 2. 474.

ritable propriétaire (1), il s'ensuit qu'il peut cultiver le sol à sa façon, y élever des constructions, pratiquer des fouilles, extraire des minerais, etc. Si la constitution d'un enzel sur son enzel lui est interdite (2), il peut cependant céder son droit à un tiers après avis donné au crédi-enzéliste par les notaires rédacteurs de l'acte de transfert, sans que le consentement de ce dernier soit nécessaire (3). Chaque cessionnaire consécutif ne doit que les arrérages correspondant à la durée de sa jouissance, sans être tenu au paiement indéfini de la rente. Le débi-enzéliste peut même morceler son enzel, avec le consentement du crédi-enzéliste cette fois, mais le droit de celui-ci étant indivisible, on ne peut le forcer à morceler sa créance et à la diviser en autant de fractions qu'il y a eu de partages (4).

Le droit d'enzel prend fin par résiliation volontaire ou forcée du contrat qui lui a donné naissance, rachat et prescription.

Il n'y a rien à dire de la résiliation volontaire ; quant à la résiliation forcée elle a lieu dans deux cas : 1° si les arrérages ne sont pas payés pendant deux années consécutives (5) ;

---

(1) Son droit est « assimilable à l'emphytéose » dit le jugement du Trib. de Tunis du 3 nov. 1888 précité.

(2) Tunis, même jugement. Néanmoins en cédant son droit, rien n'empêche le débi-enzéliste de stipuler de l'acheteur à son profit le paiement soit d'un capital, soit d'une rente. Dans ce cas, le nouveau débi-enzéliste aura deux rentes à payer : une, la rente d'enzel, au crédi-enzéliste, l'autre au précédent débi-enzéliste ; cette dernière rente est purement personnelle, elle ne constitue qu'un droit de créance et non un droit réel au profit du stipulant.

(3) Décret beylical du 7 juin 1880, Bompard, p. 202. Trib. de Tunis, 3 nov. 1888 précité ; Trib. de Tunis, 13 et 20 mars 1893, *Rev. alg.*, 1893. 2. 232. Cependant le crédi-rentier peut refuser de reconnaître la cession lorsque ce refus est justifié par des motifs légitimes, dit un jugement du Trib. de Tunis du 9 avril 1894, *Rev. alg.*, 1894. 2. 358.

(4) Trib. de Tunis, 16 avril 1890, *Journ. des Trib. franç.*, 1890, p. 117.

(5) Trib. de Tunis, 13 mars 1893, *Rev. alg.*, 1893.2.237 ; Alger, 23 mars 1896,

2° si le débi-enzéliste déprécie d'une manière dolosive la valeur de l'immeuble, si bien qu'elle ne soit plus suffisante pour garantir le paiement de la rente (1). Le droit d'enzel s'éteint enfin par prescription lorsque le débi-enzéliste a possédé comme plein propriétaire l'immeuble tenu à enzel pendant le temps requis pour prescrire.

Il est intéressant de constater l'analogie qui existe entre la rente d'enzel tunisienne et l'ancienne rente foncière française.

1° Comme celle-là, la rente foncière française était le prix de l'aliénation d'un immeuble. Pothier en donne la définition suivante (2) : « Le bail à rente est un contrat par lequel l'une des parties (le bailleur) baille, et cède à l'autre (le preneur) un héritage ou quelque droit immobilier, et s'oblige de le lui faire avoir à titre de propriétaire sous la réserve qu'il fait d'un droit de rente annuelle d'une certaine somme d'argent, ou d'une certaine quantité de fruits, qu'il retient sur ledit héritage, et que l'autre partie s'engage réciproquement envers elle de le lui payer tant qu'elle possédera ledit héritage. »

2° Le droit à la rente d'enzel, comme autrefois le droit à la rente foncière, est un droit réel sur le fonds, il est dû par le fonds lui-même bien plus que par le débi-enzéliste qui, comme le débi-rentier, n'est tenu qu'en qualité de détenteur du fonds.

Rev. alg., 1896.2.297. Ils se prescrivent par cinq ans. Tunis, 22 oct. 1889, *Rev. alg.*, 1890.2.435.

(1) En principe celle-ci est perpétuelle et irrachetable, mais rien n'empêche une convention contraire. Quelquefois les stipulants réservent au débi-enzéliste la faculté de se libérer de la charge d'enzel et de devenir plein propriétaire moyennant le paiement d'une somme fixée à l'avance. L'habitude est de capitaliser la rente d'enzel par seize annuités.

(2) Pothier, *Traité du contrat de bail à rente*, chap. I, n° I.

Conséquence : le débi-enzéliste peut se libérer de l'obligation de payer la rente d'enzel, comme le débi-rentier le pouvait en « déguerpissant ».

3º L'ancienne rente foncière était irrachetable, comme aussi en principe la rente d'enzel (1).

L'enzel peut aussi se comparer à l'emphytéose. Celle-ci est le droit de jouir d'un immeuble appartenant à autrui moyennant une redevance périodique. Elle était souvent perpétuelle dans notre ancien droit où elle constituait un droit réel immobilier. L'emphytéote avait des pouvoirs moins étendus que ceux du débi-enzéliste actuel, qui peut se comporter à l'égard de la chose comme un véritable propriétaire. —L'analogie est beaucoup moins grande entre le droit d'enzel et le droit d'emphytéose actuel puisque celui-ci a cessé d'être perpétuel, et qu'on discute même sur le point de savoir s'il constitue un droit réel immobilier ou un simple droit de créance comme celui du locataire (2).

On peut encore comparer l'enzel avec le bail héréditaire, que certains peuples ont conservé, comme l'*aforamento* portugais, le *contratto di livello* italien, le *Beklem-regt* hollandais et l'*Erbpacht* d'Allemagne (3).

L'*aforamento* ou *emprazamento* consiste comme l'enzel dans l'aliénation du domaine utile d'un immeuble moyennant une redevance fixe payable chaque année. — Tant qu'il paye la redevance le preneur jouit d'un droit réel qui lui permet d'exploiter le bien à sa guise, de le louer, de l'hypothéquer, etc., sans pouvoir être inquiété. — Pour diviser son droit, néanmoins, le consentement du propriétaire est nécessaire, comme cela a lieu pour l'enzel.

(1) V. Baudry-Lacantinerie, *Précis de droit civil*, tome I, nº 1249.
(2) V. Baudry-Lacantinerie, *op. cit.*, tome I, nº 1261.
(3) V. Laveleye, *op. cit.*, p. 517 à 531 ; Garsonnet, *Histoire des locations perpétuelles*, p. 571 et suiv.

Ce mode de tenure des terres est fort en honneur en Portugal, surtout dans les provinces du Nord, où il produit d'excellents résultats au point de vue de la bonne exploitation des terres et par suite de l'augmentation de la richesse publique.

En Italie, le *contratto di livello*, procédant absolument du même principe, après avoir été d'un emploi fréquent au moyen âge, tend à disparaître de plus en plus par suite de l'opposition que lui font la législation civile et les tribunaux.

Le *Beklem-regt* de Hollande est analogue à l'aforamento et à l'enzel. Le droit du preneur est cependant ici moins étendu que celui du débi-enzéliste, car la forme de l'exploitation ne peut être changée, au lieu que le débi-enzéliste, à cet égard, jouit de pouvoirs absolus. De plus chaque fois que le droit change de mains, le propriétaire peut prélever une taxe fixée d'avance, ce qui n'a pas lieu pour l'enzel. Mais à part ces différences de détails, et quelques autres moins importantes encore, ces modes de tenure sont analogues et procèdent de la même idée : donner les moyens de devenir propriétaires et intéresser par suite à la bonne exploitation du sol, ceux dont les capitaux ne seraient pas suffisants pour acquérir la propriété entière. Idée sur laquelle nous reviendrons en appréciant le rôle économique de l'enzel.

L'*Erbpacht* se présente sous trois formes qui diffèrent peu l'une de l'autre. Dans l'une le preneur ne peut aliéner son droit ni l'hypothéquer, au contraire du débi-enzéliste ; l'autre est analogue à l'enzel ; la troisième ressemble plutôt à l'emphytéose romaine, et donne au bailleur un droit de préemption et le droit à une redevance proportionnelle au revenu du fonds (1).

---

(1) Garsonnet, *op. cit.*, p. 572.

Tous ces modes de tenure ont d'ailleurs eu très probablement la même origine : nécessité pour les grands propriétaires fonciers d'attirer les colons sur leurs terres et de les intéresser à leur bonne culture. A la base de tous du reste, on peut retrouver l'emphytéose romaine, comme à la base du contrat d'enzel.

On conçoit que la vente à enzel puisse rendre de grands services. Dans nos pays, quand le propriétaire ne veut ou ne peut exploiter lui-même son fonds, il en aliène la propriété ou le donne à bail pour une durée plus ou moins longue, mais qui ne peut excéder 99 ans. Les avantages des baux à long terme ont été mainte fois démontrés, or l'enzel est plus précieux encore ; tout en assurant au vendeur un revenu fixe et gagé, il permet à l'acquéreur d'acquitter le prix d'achat, moyennant une redevance périodique, et le dispense de débourser un capital qu'il ne possède peut-être pas, ou qu'il pourra mieux employer en constructions et en travaux de mise en valeur. Grâce à l'enzel il n'est pas nécessaire d'être capitaliste pour devenir propriétaire, puisque la redevance peut être prélevée sur les revenus de l'immeuble.

Étendant la sphère du débat, certains économistes se sont même demandé si l'enzel (à condition toutefois que le domaine éminent appartînt à l'État et que la rente fût variable), et les modes de tenure analogues, ne seraient pas, au point de vue économique et social, préférables à la propriété individuelle. D'après eux, ils en présenteraient tous les avantages et n'en auraient pas les inconvénients (1).

La terre, disent-ils, appartient à l'humanité tout entière,

---

(1) Nous ne prétendons nullement ici prendre parti dans le débat, ce qui nous entraînerait trop loin et sortirait du cadre de cette thèse ; nous nous bornons simplement à énoncer les idées de l'école socialiste, ce qui ne veut pas dire que nous les partagions.

c'est « *le patrimoine commun des générations* ». La propriété individuelle, appliquée au sol, viole donc ce droit, et, par sa perpétuité, permet au propriétaire de profiter seul de plus-values souvent considérables qui, n'étant pas dues à son travail et résultant uniquement de causes sociales, devraient en bonne justice appartenir à la collectivité.

La concession à emphytéose ou à enzel, au contraire, si elle est faite pour une durée déterminée, ou si le chiffre de la redevance peut être changé au bout d'un certain nombre d'années, ce qui revient au même, ménage à l'emphytéote un intérêt suffisant pour que la bonne culture des terres soit assurée, et l'empêche de confisquer à son profit cette plus-value qu'il n'a pas créée. Ils concluent en préconisant la nationalisation du sol et en demandant que l'État, devenu propriétaire unique de la terre, la concède aux particuliers par des baux emphytéotiques.

Outre que ce système est des plus contestables, il est difficile à réaliser dans les pays de civilisation ancienne, mais son application, demandent ses partisans, ne pourrait-elle être tentée dans des pays neufs ? Il est remarquable que la Hollande l'a pratiqué dans ses colonies où il produit, paraît-il, d'assez bons résultats (1). A Java, notamment, l'État, sauf de rares exceptions, est seul propriétaire, et, moyennant le paiement d'une rente annuelle il concède la terre pour une durée moyenne de soixante-quinze ans. Ce bail est suffisamment long pour que le preneur n'hésite pas à faire toutes les améliorations que ferait un véritable propriétaire, et qu'un preneur à court terme n'oserait tenter le plus souvent.

A l'expiration du terme, l'État procède à de nouvelles concessions à un prix supérieur, suivant l'augmentation de

____

(1) V. de Laveleye, *op. cit.*, p. 49 et suiv.

valeur des terres ; cela profite à tout le monde : la rente tient lieu d'impôt, le plus juste évidemment, puisqu'il est basé sur la valeur exacte des exploitations.

Mais cette organisation est-elle réellement aussi avantageuse qu'un examen superficiel pourrait le faire supposer ? Avec la concession temporaire, même à long terme, comme dans celle à court terme, des abus de jouissance dans les dernières années sont à craindre de la part du preneur, et d'autant plus que la propriété ayant pris une plus grande valeur, celui-ci ne pourra peut-être pas, ou ne voudra pas renouveler son bail. Dans la Nouvelle-Zélande, le gouvernement fait des concessions pour une durée de 999 ans, ce qui revient, presque en définitive, à la propriété perpétuelle.

Il était impossible en Tunisie, alors même qu'on l'aurait voulu, d'appliquer un pareil système .Il fallait, en effet, ne pas gêner les colons qui désireraient s'établir dans le pays en leur offrant une forme de propriété avec laquelle ils ne seraient pas familiarisés, et, d'autre part, respecter les institutions locales, qui reconnaissaient la propriété individuelle.

Il n'en est pas moins remarquable que, parmi ces institutions, une des plus répandues était précisément l'enzel, mais l'enzel perpétuel et à rente invariable et non tel que nous l'avons supposé plus haut, présentant néanmoins, nous l'avons vu, de nombreux points de contact avec l'emphytéose.

Il est intéressant de se demander si ce mode de tenure, coexistant en Tunisie avec la propriété ordinaire, et étant même plus répandu qu'elle, a fait disparaître les inconvénients reprochés à cette dernière par l'école socialiste.

Remarquons tout d'abord que l'enzel en Tunisie n'a pas été institué dans ce but, puisque c'est la nécessité, où se sont trouvées les œuvres pies, de tourner la règle de l'inaliénabilité des biens habous, qui lui a donné naissance. Ensuite il ne présente pas, comme la concession javanaise, l'avantage de faire profiter l'État, c'est-à-dire la collectivité des hommes, de l'accroissement de valeur de la terre, puisqu'il n'est pas généralement concédé par l'État, qu'il est perpétuel, et que sa rente est invariable.

Au point de vue économique même présente-t-il réellement les avantages que nous avons signalés tout à l'heure, à savoir : économie pour l'acheteur de la dépense d'un capital, et possibilité d'employer ce capital à la mise en valeur des terres ?

Cela n'est vrai que pour le premier acheteur à enzel, mais le caractère de perpétuité du droit fait que les inconvénients reprochés à la propriété se reproduisent, d'autant plus graves que la concession est plus ancienne.

Lorsque le débi-enzéliste en effet, cède son droit, il fait payer à l'acheteur la plus-value acquise par le fonds, de sorte que le premier enzéliste est le seul qui n'aie pas à débourser de capital. La rente qui primitivement représentait la valeur intégrale du fonds, n'en représente plus qu'une partie, et la différence entre les deux va en augmentant à mesure que la plus-value prend de l'importance, si bien que l'une peut devenir négligeable par rapport à l'autre. Cela est surtout frappant pour les propriétés qui augmentent rapidement de valeur comme les propriétés urbaines (1). Tel immeuble de Tunis par exemple est édifié sur un terrain valant de 200 à 300 francs le mètre, qui primitivement avait été concédé à charge d'une rente d'enzel de 0 fr. 25 par mètre. Cette rente

____

(1) La rente d'enzel est généralement peu élevée, et ce que nous disons dans le texte est tellement vrai, que lorsqu'on demande le prix d'un terrain urbain grevé d'enzel, on n'entend parler la plupart du temps que de la plus-value, considérant l'enzel comme négligeable par rapport à elle.

de 0 fr. 25 par mètre représente, à 5 0/0 un capital de 5 francs, or peut-on dire que l'économie d'un capital de 5 francs soit bien avantageuse à celui qui est obligé d'autre part de débourser 200 ou 300 francs ?

Puis, s'il est vrai de dire que le débi-enzéliste devient propriétaire, son droit n'est cependant pas irrévocable. Arrive une mauvaise récolte, une catastrophe, s'il ne peut payer ses annuités, le contrat est résilié. Avec nos idées sur la propriété, l'européen est tenté de se considérer comme propriétaire précaire. L'obligation de payer la rente d'enzel est suspendue sur sa tête comme une épée de Damoclès. Aussi beaucoup de contrats récents, passés entre particuliers, contiennent-ils la faculté de rachat. — Il en résulte également que toutes choses égales d'ailleurs, une propriété à enzel non rachetable est moins estimée qu'une propriété à enzel rachetable.

Un grand nombre de colons ont émis le vœu qu'une loi intervienne pour rendre, malgré toute stipulation contraire, l'enzel rachetable d'après un taux fixé légalement (1) ; la difficulté vient de ce qu'un bon nombre de rentes d'enzel sont biens habous, inaliénables en droit musulman.

La divisibilité obligatoire de la rente d'enzel en cas de morcellement a été également réclamée. On a fait observer que c'était porter entrave à la facilité des transactions et à la colonisation que de laisser peser sur une parcelle détachée une charge énorme, alors que chaque parcelle était peut-être suffisante pour garantir la fraction d'enzel lui incombant.

Un vœu dans ce sens a été porté à la conférence consultative. Le gouvernement tunisien y a donné satisfaction en ce

---

(1) Sur le rachat de la rente d'enzel, Voir note de M. P. Bonnard précitée (*Bulletin de la Société de législation comparée*, 1892-93, p. 465).

qui concerne les biens habous. Un décret beylical du 16 juin
1895 (1) décide en effet que les propriétés grevées de rentes
d'enzel habous (2) pourront être morcelées et la rente d'enzel
rendue divisible moyennant une augmentation de la rente de
chaque lot détaché. Cette augmentation est équitable, les
frais de recouvrement étant d'autant plus élevés que les débiteurs sont plus nombreux. La répartition de l'augmentation
est faite proportionnellement à la valeur des lots. Elle ne
peut être effectuée qu'après une entente avec le bénéficiaire
de l'enzel, et ratification de cette entente par la Djemaïa, si le
bénéficiaire est un descendant du fondateur du habous. En
cas de désaccord, il doit être procédé à une expertise légale,
aux frais du débi-enzéliste. Chaque fraction d'enzel ne peut
être inférieure à 5 francs (3).

(1) *Journ. off. tunisien*, 23 août 1895.

(2) Nous ne traitous pas spécialement de la constitution en enzel des immeubles habous, cela ne rentre pas directement dans notre sujet. Il suffit de savoir
que les cessions à enzel des immeubles habous, qui autrefois se faisaient à l'amiable, au grand détriment de l'administration des habous, ont lieu aujourd'hui
aux enchères publiques (Décrets des 18 août et 21 octobre 1855. Bompard,
p. 202, 31 janvier et 22 juin 1888, *Journ. off. tunisien*, 1888, p. 23 et 192).

(3) Pour l'augmentation de la rente de chacun des lots détachés, la base de
calcul est la suivante :

1° *Pour les propriétés rurales* : de 100 francs et au-dessous, l'augmentation est
de 10 p. 100 avec un minimum de 5 francs d'augmentation : de 101 francs à
1000 francs, elle est de 10 francs sur les premiers 100 francs et de 5 0/0 pour
chaque 100 francs ou fractions de 100 francs en plus ; au-dessus de 1000 francs
et indéfiniment, l'augmentation est de 55 francs sur les premiers 1000 francs,
et de 3 0/0 pour chaque 100 francs ou fractions de 100 francs en plus.

2° *Pour les immeubles urbains et terrains à bâtir* : de 100 francs et au-
dessous, l'augmentation est la même que pour les propriétés rurales ; de 101 francs
à 500 francs, elle est de 10 francs sur les premiers 100 francs, et de 6 0/0 pour
chaque 100 francs ou fraction de 100 francs en plus ; de 500 francs à 1000 francs
elle est de 34 francs sur les premiers 500 francs, et de 5 0/0 pour chaque
100 francs ou fraction de 100 francs en plus. Au-dessus de 1000 francs l'augmentation est de 60 francs pour les premiers 1000 francs, et de 3 0/0 pour
chaque 100 francs, ou fraction de 100 francs en plus (Décret beylical du
16 juin 1895. *J. O. T.*, 23 août 1895).

§ 2. — Autres droits réels.

En dehors de l'enzel, on peut citer quelques autres droits réels démembrements de la propriété. — Ce sont le Kirdar, la megharsa, les servitudes et les hypothèques.

A. — KIRDAR. — Le contrat qui donne naissance au droit de Kirdar est une forme du contrat d'enzel présentant cette particularité que la redevance stipulée peut être augmentée lorsque l'immeuble acquiert une plus-value notable. Toutefois celle-ci ne doit provenir que de l'accroissement naturel de valeur et non du fait du preneur à Kirdar. Elle doit même être si considérable qu'il y aurait *lésion scandaleuse* pour le crédi-rentier si la redevance était maintenue à son chiffre primitif (1).

Contrairement au droit commun, il a été jugé que l'augmentation du chiffre de la rente de Kirdar ne doit courir que du jour où une décision judiciaire la consacre et non du jour de la demande (2). — On doit logiquement conclure que la diminution de la rente ne peut avoir lieu que si l'immeuble venait à baisser naturellement et considérablement de valeur, de telle sorte que la redevance fût devenue une charge trop lourde eu égard au revenu que le débi-rentier peut normalement en tirer.

Le droit des parties est réel immobilier comme le droit d'enzel, le bailleur conservant le domaine éminent, le preneur acquérant le domaine utile (3). — Toutes les règles de l'enzel qui ne sont pas incompatibles avec la nature du Kirdar,

(1) Trib. Tunis, 27 fév. 1890, *Rev. alg.*, 1890. 2. 437.

(2) Tribunal de Tunis, 30 juillet 1894, *Journ. des Trib. franç.*, 1894, p. 527. *Rev. alg.*, 1895. 2. 106.

(3) V. arrêt de la Cour d'Alger du 8 mai 1889, et jugement du Trib. de Tunis du 27 février 1890 (*Rev. alg.*, 1890. 2. 429).

s'appliquent du reste à celui-ci. — Le Kirdar, appelé aussi Kerdar ou Kordar est d'origine turque, il est peu usité dans la Régence.

B. — Megharsa (1). — Le contrat de megharsa est un contrat de bail à complant. — Voici dans quelles circonstances il se forme : le propriétaire d'un terrain inculte désire faire une plantation d'arbres de rapport tels qu'oliviers, orangers, etc. ; mais il ne veut ou ne peut la faire lui-même. Il s'adresse alors à un tiers ayant les connaissances et les moyens voulus, mais ne possédant pas le sol nécessaire, situation inverse de la sienne. Une sorte de société s'établit entre eux (2). Le preneur, ou megharsi, défriche le terrain, fournit les plants, les animaux de travail, et se charge de la culture jusqu'à ce que les arbres soient arrivés à production. Il ne touche pas de salaire, mais peut seulement pendant les premières années, tant que cela ne risque pas de nuire à la croissance des arbres, faire des cultures intercalaires dont les produits lui appartiennent exclusivement. S'il est sans ressources pour acheter les plants ou le matériel nécessaire à l'exploitation, le propriétaire lui fait des avances qui ne produisent pas intérêt et sont remboursées à l'expiration du contrat, c'est-à-dire lorsque la plantation commence à produire. On divise alors le terrain en deux lots égaux dont l'un revient au propriétaire et l'autre au megharsi.

Si nous parlons ici de ce contrat, c'est que certains docteurs soutiennent que dès sa conclusion il donne naissance à un droit réel au profit du megharsi, qui devient immédiatement copropriétaire indivis. D'après une autre opinion, la megharsa ne donnerait lieu qu'à un droit personnel au profit du pre-

____

(1) Voir pour les détails du contrat de megharsa, m'hrarsa ou mour'araça, Zeys, *op. cit.*, II, p. 125 à 129.

(2) V. Riban, *La Tunisie agricole,*

neur, la naissance du droit réel serait reculée jusqu'au jour du partage. Nous retrouverons cette controverse à propos de l'inscription sur le titre. Ce contrat, fréquent aux environs de Tunis, est surtout usité dans la région de Sfax pour la culture des terres dites *sialines* (1), particulièrement favorables aux plantations d'oliviers (2).

C. — Servitudes. — D'après le plus grand nombre des docteurs arabes, les servitudes en droit musulman ne pourraient être que conventionnelles et s'établiraient seulement par titre (3).

En effet dans la Tohfat d'Ebn Acem (4), nous trouvons un

---

(1) Ces terres, dans un rayon de 70 à 80 kilomètres autour de Sfax, doivent leur nom à la concession qui en avait été faite jadis à une famille Siala.

(2) Nous voulons dire quelques mots sur certains droits d'usage et d'habitation qui, n'étant que personnels, n'intéressent pas directement notre sujet, mais n'en sont pas moins curieux à signaler. Ce sont l'*Addat*, la *Nesbat*, la *Raghlat*, l'*Hazakat* et le *Khoulou*.

Les trois premiers sont des droits d'usage perpétuels qui ne diffèrent que par leur objet, l'addat portant sur un moulin à farine, la nesbat sur une boutique, la raghlat sur une savonnerie. Ils s'acquièrent par le preneur qui a mis l'immeuble en état de servir, et a fourni le matériel d'installation, moyennant un loyer payable chaque année, comme pour une location ordinaire, avec cette différence toutefois que tant qu'il paiera exactement le loyer convenu, le preneur ne pourra être dépossédé. Ces droits ont pour raison d'être la plus-value apportée à l'immeuble par l'affectation spéciale créée par le preneur.

L'*hazakat* est un droit d'habitation qui de temporaire devient perpétuel moyennant une augmentation de loyer. Particulier aux israélites, il n'a plus de raison d'être depuis que ceux-ci ont le droit de posséder en toute propriété ou à enzel.

Le *khoulou* est de deux sortes :

1º Le *khoulou-el-meftah*, droit d'usage perpétuel d'une boutique ou d'un magasin, s'acquiert par le paiement d'une somme d'argent, effectué une fois pour toutes par le locataire ; c'est une location payée par anticipation et à perpétuité.

2º Le *khoulou-el-Djelsat*, droit viager acquis par le locataire d'une boutique, qui a renouvelé plusieurs fois son bail sans augmentation de loyer. Il ne semble pas que ce droit puisse être acquis par des européens, ou du moins il n'y en a pas d'exemple.

(3) Sauf celle de jour et de vue qui s'établit aussi par la destination du père de famille et, dans le rite hanéfite sous certaines conditions, par la prescription.

(4) Traduction Houdas et Martel, p. 663.

chapitre intitulé *De la concession bénévole des servitudes*. Il n'en est pas question d'autres. Le mot *irfâq* qu'on a traduit par servitude signifie à proprement parler « l'action de se montrer bienveillant ».

Ebn Acem a voulu dire que les servitudes peuvent s'établir seulement par titre, et que le motif qui détermine le constituant à établir la servitude, c'est le désir d'entretenir des relations de bon voisinage et de se montrer bienveillant envers son voisin.

« Cette concession faite par un voisin à son voisin, dit le vers 1225, est chose louable qu'elle s'applique à l'irrigation, à un pâturage ou à l'usage d'un mur. » Le prophète l'a d'ailleurs lui-même recommandée à plusieurs reprises. Mais Ebn Acem n'a pas voulu dire par là que le voisin n'exerce la servitude qu'en vertu d'une simple tolérance dans le sens de l'article 2232 du Code civil.

La servitude existe donc en droit musulman en tant que droit réel véritable, seulement la raison même sur laquelle elle est fondée entraîne comme conséquence que d'une part elle ne peut pas s'acquérir par prescription, sauf exception, et que d'autre part lorsque le titre constitutif n'en fixe pas la durée, la servitude peut être révoquée. C'est ce que dit en termes fort explicites le vers 1226 de la Tohfat : « Si la durée en a été limitée, cette limite sera observée, si rien n'a été précisé, l'acte est considéré comme un prêt. » « Toutefois la rigueur de cette dernière règle est souvent atténuée, remarquent MM. Houdas et Martel, par des usages locaux, chaque fois que le retrait trop brusque de la concession aurait pour effet de causer au voisin un préjudice sérieux. »

Ces deux idées peuvent être rapprochées, car la possession d'une servitude sans titre met le possesseur dans la situation où il serait si la servitude avait été constituée par un titre n'en fixant pas la durée : dans les deux cas, la prescription est impossible.

Le droit musulman n'a pas compris que l'avantage conféré par la servitude au fonds dominant est plus grand que la gêne qu'elle cause au fonds servant ; c'est pourquoi il ne la considère pas, ainsi que le droit romain et le droit français, comme une relation perpétuelle entre deux fonds, c'est un simple rapport de bon voisinage.

Ce caractère particulier explique pourquoi la servitude de vue est si rare en pays musulman. Dans le droit commun musulman, chacun des propriétaires a le droit de bâtir sur la limite qui sépare son héritage de celui du voisin, mais la loi lui interdit de pratiquer une ouverture lui permettant de voir chez celui-ci (1). Il y a là une limite apportée au droit de propriété ; il en résulte, en ce qui concerne la prescription, que si pendant dix années le propriétaire de la maison a conservé une ouverture sur le

(1) L'intérieur de l'habitation doit rester secret et fermé pour tous, c'est la raison du mode particulier d'éclairage des maisons où généralement toutes les fenêtres donnent sur une cour intérieure ou patio. Dès qu'une jeune fille devient nubile, à 7 ou 8 ans, elle doit se voiler. Son visage ne peut rester découvert que devant les femmes ou ses plus proches parents : son père, ses oncles et ses frères. Les musulmans sont même si rigoureux sur ce point que pour leur demander des nouvelles de leur famille, on doit se contenter de dire : « comment va-t-on chez vous ? », sans parler de leurs femmes, ce qui serait un manque de savoir-vivre. Dans ces conditions, les mœurs devaient se montrer rebelles à l'établissement de servitudes de vue, qui auraient permis à des voisins, voire même à des infidèles, de jeter des regards indiscrets dans l'intérieur des habitations.

Les notaires arabes de Tunis donnent de l'imprescriptibilité de la servitude de vue une autre explication. Quand deux héritages contigus ne sont pas construits, disent-ils, chacun peut voir chez son voisin et jouir de son air, tandis que si un des deux construit et laisse des jours dans le mur de séparation des deux héritages, celui-là seul peut, en jouissant de son air, continuer à jouir de l'air et de la vue du voisin, alors que la réciprocité n'est plus vraie. Ce serait donc une règle d'égalité.

Nous préférons l'explication donnée dans le texte, tirée des règles posées par Ebn Acem.

fonds voisin, il a prescrit simplement le libre exercice de son droit de propriété, mais il n'a pas acquis sur ce fonds un droit réel de servitude que le voisin soit tenu de respecter. Celui-ci peut, en bâtissant sur son fonds, boucher l'ouverture pratiquée dans le mur parce que son droit de propriété l'y autorise (1).

Cette solution aboutit au même résultat que celle qui est admise par la Cour de cassation belge (2) en ce qui concerne la prescription des servitudes de vue. D'après elle, l'obligation imposée au propriétaire qui construit sur la limite séparative de son héritage et de l'héritage voisin, constitue à sa charge une servitude négative. Si donc, pendant trente ans, il a joui d'une vue sur le fonds voisin, il se libère par la prescription de cette servitude négative, mais il n'acquiert pas de servitude active. — En conséquence, le voisin ne peut le forcer à boucher son jour ou sa vue, mais il peut l'obstruer en construisant lui-même sur son fonds, car il n'est pas grevé d'une servitude de ne pas bâtir.

La jurisprudence française, partant d'un principe contraire à celui de la Cour de cassation belge, aboutit à un résultat opposé. S'inspirant de cette idée que les articles 678 à 680 du Code civil ne créent point de servitudes entre les deux fonds, mais fixent simplement une limite à l'exercice du droit de propriété appartenant à chacun des deux voisins, elle admet que le propriétaire, qui en construisant laisse une vue sur le fonds voisin, contrairement à ces articles, acquiert sur ce fonds une véritable servitude dont l'effet est non seulement d'enlever au propriétaire voisin le droit de faire boucher l'ouverture, mais encore de lui interdire d'élever sur son propre

(1) Trib. de Tunis, 6 mars 1893, *Rev. alg.*, 1893. 2. 247.
(2) 14 février 1884, Sirey, 1889. 4. 29.

fonds une construction à une distance moindre que celle fixée par l'article 678 (1).

Il est curieux de constater que le droit musulman a le même point de départ que la jurisprudence française, il considère avec elle la servitude de vue comme une limite apportée au droit de propriété, et qu'il aboutit à la même solution que la jurisprudence belge en permettant au voisin d'obstruer lui-même la vue en construisant devant. Dans cette question très controversée de la prescription en matière de servitude de vue, il y a là une solution intermédiaire que nous croyons intéressante de signaler.

Il existe toutefois des tempéraments à la rigueur du principe. Pour la prescription de dix ans, au bout desquels on ne peut forcer le propriétaire des jours ou des vues à les boucher lui-même, il y a quelques divergences entre les rites. Le rite hanéfite, moins rigoureux en cela que le rite malékite, ne permet pas au propriétaire voisin d'élever une construction qui obstrue la fenêtre lorsqu'il serait impossible d'éclairer la maison par un autre endroit et que l'appartement deviendrait si obscur qu'on ne pourrait plus y écrire. Le rite malékite, au contraire, permet, même dans ce cas, de boucher la fenêtre ; il ne le défend que si la construction n'est d'aucune utilité pour le propriétaire qui l'édifie, mais est faite uniquement dans un but de vexation à l'égard du voisin. Il y aurait là un exercice abusif du droit de propriété contraire aux préceptes du Coran.

Ces principes sont rappelés dans divers jugements du tribunal de Tunis, qui s'approprie des consultations du Bachmufti malékite et du cheikh-ul-islam hanéfite de Tunis en

____

(1) Cassation, 16 décembre 1888, Sirey, 1889. 1. 156.

date des 29 février et 1er mars 1892, consultations que le tribunal a cru devoir annexer à son jugement (1).

La servitude de jour et de vue s'établit également par la destination du père de famille. Quant aux autres elles s'établissent par titre, et il n'est pas rare de voir sur les titres de propriété des dispositions qui les réglementent. Il n'y a rien de particulier à dire sur elles.

D. — Hypothèques. — L'hypothèque, à proprement parler, n'existe pas en droit tunisien, elle est remplacée par le nantissement ou *rahnia* (2).

Le titre de propriété arabe, comme nous le verrons en étudiant la preuve des droits réels, est pour ainsi dire la représentation du fonds lui-même. Tout ce qui regarde la propriété doit y être inscrit. Il s'ensuit que si le propriétaire remet ce titre en gage, il s'interdit par cela même toute cession postérieure de son droit, pareille cession exigeant, pour être valable vis-à-vis des tiers, une inscription sur le titre de propriété, qui se trouve entre les mains du créancier nanti.

Autrefois la constitution d'hypothèque se faisait par la simple remise, sans aucune solennité, du titre de propriété au créancier hypothécaire en exécution d'un acte juridique antérieur. Si le titre de propriété véritable lui était ainsi remis, ce créancier n'avait rien à craindre d'une cession postérieure (3) ; mais s'il avait contracté sur la foi d'une ou-

---

(1) Trib. de Tunis, 14 mars 1892, *Journ. des trib. franç.*, 1894, p. 214.— Voir aussi Trib. de Tunis, 29 mars 1890, *Rev. alg.*, 1891. 2. 421 ; Trib. de Tunis, 29 mars 1895, *Journ. des trib. franç.*, 1895, p. 565 ; *Rev. alg.*, 1896. 2. 52.

(2) Ibn-Arfa en donne la définition suivante : « Le nantissement est ce qui est remis pour sûreté d'une créance » (Mokhtaçar, p. 115).

(3) C'est à cette hypothèse, la plus fréquente dans la pratique, car les emprunteurs sur hypothèques de mauvaise foi sont heureusement la minorité, que fait allusion le jugement du tribunal de Tunis du 21 février 1889 (*Rev. alg.*, 1889.2.575) en disant que la remise du titre aux mains du créancier

tika (1), le propriétaire pouvait ensuite aliéner sur le titre de propriété, et celui-ci étant préférable à l'outika le conflit qui s'élevait entre l'acquéreur et le créancier hypothécaire se résolvait au profit du premier.

C'est pour éviter ces fraudes, dont pouvaient être victimes les créanciers hypothécaires, qu'on exigea bientôt, pour rendre l'hypothèque opposable aux tiers, qu'elle fût constatée par un acte authentique ou par un acte sous seing privé enregistré (2).

L'acte est rédigé par des notaires. Ceux-ci ayant plus d'expérience que les particuliers découvriront plus facilement les fraudes. Si donc un créancier croit contracter sur la foi d'un titre véritable et que le notaire s'aperçoive qu'il n'a devant lui qu'une outika, il doit avertir son client du danger qu'il court s'il passe outre et traite sur l'outika. Il doit s'attacher à déjouer toute espèce de fraude (3). Désormais le contrat hypothécaire tunisien est un contrat solennel comme en droit français.

Il est à peine utile de dire que la validité de l'hypothèque est subordonnée au droit que le débiteur a de disposer de son titre (4). Un majeur sain d'esprit, peut le faire sur son propre bien par lui-même ou par mandataire ; quant aux mi-

« présente tous les caractères d'une véritable hypothèque, conférant au créancier non seulement un droit de préférence, mais encore un *droit de suite*, qui lui permet de saisir l'immeuble entre les mains des tiers détenteurs et de le faire vendre ». — Cpr. Trib. de Tunis, 25 nov. 1890, *Rev. alg.*, 1890.2.565 ; Trib. de Tunis, 31 oct. 1894, *Rev. alg.*, 1894.3.570 ; Trib. de Tnnis, 21 nov. 1894, *Rev. alg.*, 1895.2.74.

(1) Sur l'outika, voir 5e section, *Preuve des droits réels*.

(2) Trib. de Tunis, 18 janv. 1892, *Rev. alg.*, 1892.2.161 ; *Journ. des trib. franc.*, 1894, p. 413.

(3) V. décret du 17 chaban 1296-6 août 1879 (Bompard, p. 389) *sur les formalités que doivent remplir les notaires pour la passation des actes d'hypothèque.*

(4) Alger, 10 mai 1892, *Rev. alg.*, 1892.2.285.

neurs, aliénés ou interdits, l'autorisation du cadi leur est nécessaire, à moins cependant, pour le mineur, que son père ne soit *un homme d'ordre* (1).

Si un débiteur s'engage plusieurs fois envers un créancier nanti d'un gage, il y a présomption que le gage sert à garantir toutes les dettes et non seulement la première, à moins de convention contraire (2).

La question s'est posée de savoir si plusieurs hypothèques pouvaient être consenties sur un même immeuble. Pendant longtemps on a prétendu que la remise du titre de propriété entre les mains d'un premier créancier excluait la faculté de conférer un droit de préférence de deuxième rang à un autre prêteur. On argumentait pour cela de ce que l'hypothèque tunisienne étant assimilée au gage, le second créancier ne pouvait être considéré que comme chirographaire puisqu'il n'avait en réalité aucun nantissement entre les mains.

Mais le tribunal de Tunis par des jugements des 21 février 1889 (3) et 18 juillet 1894 (4), confirmés par la Cour d'Alger, a décidé le contraire. Pour que plusieurs hypothèques puissent être consenties sur un même immeuble, il suffit que « le titre de propriété de cet immeuble soit détenu pour le compte commun des divers créanciers hypothécaires, soit par l'un d'eux, soit par un tiers » (5). Bien entendu chaque créancier subséquent doit signifier son hypothèque aux créanciers antérieurs.

On peut hypothéquer aussi bien une part indivise d'im-

---

(1) V. *Choix splendide de préceptes cueillis dans la loi*, art. 65. Traduction Goguyer.

(2) Trib. de Tunis, 21 nov. 1892, *Rev. alg.*, 1893.2.90. Cpr. art. 2082, alinéa 2 du Code civil.

(3) *Rev. alg.*, 1889.2.575.

(4) *Journ. trib. franç.*, 1894, p. 470.

(5) Trib. de Tunis, 21 février 1889, *Rev. alg.*, 1889.2.575.

meubles qu'un immeuble divis. « Le débiteur peut engager une part indivise, mais à la condition de se dessaisir de tout ce qu'il possède à titre indivis dans la chose remise. Il n'est pas tenu de rapporter le consentement de son copropriétaire, qui conserve la libre disposition de sa part et peut demander le partage, vendre ou aliéner ce qui lui appartient (1). »

En cas de non-paiement à l'échéance, le créancier, pour réaliser son gage, peut mettre en vente cette part indivise sans provoquer préalablement le partage (2). Les musulmans supportent mieux que les européens de vivre dans l'indivision ; ils se contentent le plus souvent, dans les partages de succession et autres, d'indiquer la proportion exacte suivant laquelle chacun est propriétaire, et il s'opère ensuite entre eux un partage de jouissance. Quand les terrains ne sont pas d'égale valeur ou de même nature, chacun des copropriétaires change de lots à tour de rôle (3).

La clause qui permettrait à un créancier hypothécaire de devenir propriétaire de plein droit à l'expiration du prêt, en cas de non-paiement, est nulle et le créancier n'a pas la faculté de s'approprier le gage pour se désintéresser (4).

« La vente consentie postérieurement à la constitution d'hypothèque n'est pas opposable au créancier nanti du titre, et ce dernier peut faire saisir directement l'immeuble contre le débiteur sans même avoir besoin d'avertir l'acheteur.

(1) Mokhtaçar, art. 375.

(2) *Contrà*, Code civil, art. 2205. Les musulmans semblent par conséquent ne pas attribuer au partage l'effet rétroactif de l'article 883 du Code civil. Ils le considèrent non comme déclaratif, mais comme translatif de propriété. Nous savons que cette conception du partage, plus rationnelle que la nôtre, était celle des romains.

(3) Trib. de Tunis, 27 novembre 1895, *Journ. des Trib. franç.*, 1895, p. 600.

(4) Cela résulte d'un jugement du tribunal de Tunis du 31 octobre 1894 (*Journ. des trib. franç.*, 1894, p. 559 ; *Rev. alg.*, 1894. 2. 570). Comparez art. 2088, Code civil.

Toutefois la jurisprudence du tribunal de Tunis, se fondant sur l'esprit et le texte de la loi du 18 avril 1883, tempère cette rigueur en décidant que le tiers détenteur doit recevoir, préalablement à la saisie, une sommation de payer ou de délaisser, faite suivant les formes tracées par l'article 2169 du Code civil, sans que d'ailleurs le tiers détenteur puisse prendre prétexte de cette formalité pour tenir en échec les droits du créancier hypothécaire et arrêter les poursuites (1). »

Le droit tunisien ne connaît pas les hypothèques occultes. La femme musulmane n'a du reste généralement aucune créance à exercer contre son mari pour sa dot, car, d'après la loi, elle conserve de droit après son mariage, l'administration de ses biens, et l'autorisation maritale ne lui est nécessaire ni pour gérer son patrimoine ni même pour ester en justice. Il est toutefois d'usage de faire intervenir le mari dans ces actes parce que certains docteurs, tout en reconnaissant l'inutilité de l'autorisation du mari, lui accordent cependant le droit de critiquer les actes accomplis par sa femme. En pratique la femme, gardant la maison et se montrant le moins possible (2), a toujours un mandataire qui est soit son mari, soit un de ses proches (3).

Les créances de l'Etat sont privilégiées sur tous les biens de ses débiteurs (4).

(1) Trib. de Tunis, 21 fév. 1889, *Rev. alg.*, 1889. 2. 575.

(2) La prescription qui lui ordonne de rester toujours voilée devant des étrangers est si rigoureuse que lorsqu'elle passe un acte, même devant les notaires arabes, son identité ne peut résulter que de l'attestation de ses parents.

(3) En ce qui concerne la femme israélite, le droit rabbinique lui reconnaît, d'après une opinion répandue, un privilège pour sa dot, opposable à tous les créanciers du mari. — Cependant lorsque la question se pose devant les tribunaux français et qu'il existe des créanciers musulmans, européens ou protégés européens, il ne saurait être question de privilège, et on applique les usages tunisiens.

(4) Art. 129, décret du 3 oct. 1884, Bompard, p. 115 ; Trib. de Tunis, 13 fév. 1893, *Rev. alg.*, 1893. 2. 219.

SECTION IV

MODES D'ACQUISITION DE LA PROPRIÉTÉ ET DES DROITS RÉELS.

La propriété et les autres droits réels se transmettent en vertu d'actes juridiques entre vifs ou à cause de mort, à titre gratuit ou à titre onéreux, solennels ou non solennels. Les principes du droit tunisien en cette matière se rapprochent sensiblement de ceux du droit français, aussi étudierons-nous seulement quelques particularités relatives au premier de ces droits.

Le contrat de vente se forme, comme en droit français, par le simple accord de volonté des parties (1), mais il donne naissance à un droit particulier appelé droit de cheffaa (2).

Le droit de cheffaa, ou de préemption est celui qui appartient à certaines personnes désignées par la coutume, lorsqu'un immeuble est vendu, de prendre le marché de l'acquéreur et de se rendre acheteur à sa place (3). Il a beaucoup de ressemblance avec le retrait successoral, le retrait litigieux et le retrait d'indivision du droit français (4). Il peut être exercé par les infidèles aussi bien que par les musulmans, ce n'est pas un droit religieux ; mais l'étendue de son exercice varie suivant les rites.

(1) V. Alger, 4 janvier 1887, *Rev. alg.*, 1887.2.88.

(2) Sur le droit de cheffaa ou choufa'a, voir Saulayra et Cherbonneau, *op. cit.*, p. 281 à 306 et Zeys, *op. cit.*, p. 73 à 86.

(3) Cpr. Définition que donne Pothier du retrait en général (*Traité des retraits*, article préliminaire).

(4) Cpr. Code civil, art. 841, 1699 et 1408. Ce droit, connu au bas empire romain sous le nom de προτίμησις n'existait de plein droit qu'en matière d'emphytéose. Il prenait encore quelquefois naissance en vertu d'un pacte adjoint, comme dans la vente.

D'après le malékite, le copropriétaire seul peut user du cheffaa ; par extension on l'a accordé également aux cohéritiers du vendeur et au propriétaire du sol en cas de cession de la superficie. Le copropriétaire dans une indivision qui constitue sa part en habous, conserve le droit d'exercer le cheffaa sur la part que les autres copropriétaires pourraient vendre dans la suite, à condition de constituer le tout en habous (1). Dans le rite malékite cela ne constitue pas à proprement parler une exception à la règle que seul le copropriétaire peut constituer habous, puisque le constituant est toujours regardé comme propriétaire du bien habousé (2) mais c'en est une dans le rite hanéfite, puisque d'après lui dès la constitution de habous, le constituant n'est plus qu'usufruitier. — Le caractère pieux de la fondation a paru justifier cette exception.

Le fondement du droit de cheffaa est le désir, confirmé par les prescriptions religieuses, de maintenir secret et fermé l'intérieur des habitations, et d'éviter les froissements entre copropriétaires. Quand le propriétaire d'un immeuble indivis aliène sa part au profit d'un étranger, il paraît naturel en effet, qu'à prix égal, la préférence soit laissée au copropriétaire, à celui qui a déjà des droits. L'immixtion d'un intrus dans une indivision peut amener des complications et rendre l'administration des biens plus difficile. C'est toujours avec un sentiment de crainte, avec une espèce de répulsion que l'on voit un étranger se mêler à des affaires de famille ou d'intérêts. Aussi la loi musulmane a-t-elle trouvé juste, dans l'intérêt même de l'ordre public, d'éviter autant que possible

(1) Soit une indivision entre Primus et Secundus. Primus met sa part en habous, Secundus aliène ensuite la sienne à Tertius. Primus pourra exercer le cheffaa, à condition de rendre également habous la part ainsi rachetée.

(2) Voir plus haut, p. 21.

l'introduction d'un élément inconnu qui peut devenir un instrument de discorde.

La même raison existe en ce qui concerne les voisins de la propriété aliénée. La contiguïté engendre des rapports forcés ; les relations de bon voisinage, faciles avec le vendeur, continueront-elles avec le nouvel acquéreur ? Des difficultés surgiront peut-être au contraire, la bonne harmonie sera rompue. N'est-il pas sage de laisser au possesseur de l'héritage qui touche immédiatement le bien vendu, le moyen de prévenir tous ces inconvénients ?

Les docteurs de l'école hanéfite, plus larges que ceux de l'école malékite, l'ont pensé, et ont étendu au propriétaire voisin la faculté d'exercer le cheffaa (1).

En cas de concurrence le droit est attribué d'abord au plus intéressant, c'est-à-dire au propriétaire du sol, en cas de vente de la superficie, puis aux copropriétaires indivis et enfin en dernier lieu aux propriétaires contigus. Si plusieurs personnes, de droits égaux, l'exercent simultanément, la partie de l'immeuble objet du retrait est partagée entre eux.

Le droit de cheffaa ne peut être revendiqué que contre un acquéreur à titre onéreux, devenu légitime et définitif propriétaire. L'échange, la dation en paiement, la transaction, etc., y donnent lieu aussi bien que la vente, mais la vente à terme ou sous condition ne lui donne pas naissance tant que le terme n'est pas arrivé ou la condition accomplie. Les ventes aux enchères publiques faites à la barre des tribunaux français y sont soumises comme les autres, mais

---

(1) Trib. de Tunis, 2 juin 1884 (*Journ. des Trib. franç.*, 1891, p. 155).

« Le droit de retirer un bien fonds, dit Ibrahim Halébi, docteur hanéfite, appartient au copropriétaire et à son défaut au plus proche voisin, et si ce dernier a des co-intéressés dans sa propriété, ils participent tous au même droit » (Sautayra et Cherbonneau, *Droit musulman*, II, n° 770).

pour cela il doit être certain que celui qui exerce le cheffaa a ignoré l'adjudication (1).

Dans un cas cependant certaines personnes ne peuvent exercer le droit de cheffaa. C'est celui où un propriétaire aurait par testament désigné la personne à laquelle devrait être vendue une partie de ses biens. Les héritiers sont tenus de respecter la volonté du testateur et ne peuvent exercer le droit de cheffaa contre l'acheteur désigné. Mais les copropriétaires indivis du défunt ne sont pas tenus de respecter cette disposition puisqu'ils ne sont pas ses ayants cause (2).

Le droit de cheffaa ne peut s'exercer que sur des immeubles, immeubles par nature, par destination ou par l'objet auxquels ils s'appliquent. Il doit l'être dans un certain délai.

Trois hypothèses sont à distinguer :

1° Le retrayant est présent à la vente et est interpellé sur le point de savoir s'il veut ou non user du cheffaa. Il doit répondre immédiatement ;

2° Le retrayant est présent à la vente, mais il n'est pas interpellé. Il a deux mois pour prendre parti ;

3° Le retrayant n'assistait pas à la vente ; en ce cas il a un an.

Le rite hanéfite est plus rigoureux en ce qui concerne les voisins : l'intéressé doit faire connaître sa volonté dès qu'il apprend que l'immeuble sur lequel il a le droit de cheffaa, vient à être aliéné. Il ne doit apporter dans la manifestation de cette volonté aucun retard, et, d'après un dicton arabe, celui qui, buvant un verre d'eau, apprend qu'un immeuble sur lequel il peut revendiquer le cheffaa vient d'être vendu,

---

(1) Trib. de Tunis, 16 avril 1891 et 3 juin 1892, *Journ. des Trib. franç.*, 1894, p. 466 et 467.

(2) V. Sautayra et Cherbonneau, *op. cit.*, II, n° 774.

doit s'arrêter de boire afin de remplir à l'instant toutes les formalités requises pour la revendication du droit.

Les délais ne courent pas contre les mineurs, les incapables et les absents. Leur point de départ se place au jour où l'intéressé a eu réellement connaissance de la transmission de propriété, soit par une notification à lui faite, soit par la prise de possession du nouveau propriétaire effectuée de telle façon qu'il ne puisse l'ignorer.

Le retrayant peut renoncer à l'exercice du droit de cheffaa, et si dans les délais il a fait un acte quelconque pouvant faire présumer une renonciation de sa part, il en est déchu.

Pour exercer le cheffaa, le retrayant, dans les deux rites, doit déclarer formellement son intention, et se rendre devant deux notaires pour en faire dresser acte. Il doit prévenir l'acheteur qu'il veut déposséder, consigner le prix et les accessoires et se pourvoir sans délai devant le cadi pour faire valider le cheffaa. De plus s'il est propriétaire contigu (rite hanéfite), il doit procéder à la délimitation de la propriété vendue afin d'établir son droit.

Le choix du rite appartient toujours au défendeur, celui-ci prendra évidemment celui qui lui est le plus favorable, tantôt hanéfite, tantôt malékite. C'est pour cela qu'il y a très peu d'exemples de cheffaa admis en faveur de propriétaires contigus puisqu'il n'y a qu'un seul rite qui reconnaisse le droit de préemption à ces propriétaires.

Le droit de cheffaa admis et exercé, le retrayant est mis au lieu et place de l'acquéreur. Il est censé avoir directement succédé au vendeur, par suite tous les droits consentis par le retrayé sur l'immeuble sont rétroactivement anéantis et censés n'avoir jamais existé. Tous les jurisconsultes, d'accord sur ce point, sont divisés en ce qui concerne la location consentie par le retrayé avant l'exercice du cheffaa. Les uns

soutiennent qu'elle est opposable au retrayant, les autres
prétendent le contraire. Sidi Khelil se borne à constater ces
divergences en disant : « les avis sont partagés » (1).

La menace du droit de cheffaa, suspendue sur la tête des
acquéreurs, risquait de rendre impossible ou fort désavanta-
geuse la vente de parts indivises dans un même immeuble ;
cette rigueur était encore accrue dans le rite hanéfite puisqu'il n'est guère d'immeuble qui n'ait bien de voisin. Aussi
les jurisconsultes arabes ont-ils cherché à restreindre
l'exercice du droit en imaginant la *vente à seurra* et la vente
à *Kemchat-el-medjehoulat*.

Ces deux sortes de ventes procèdent de la même idée : rendre le prix incertain en fait, ou tout au moins mettre la fixa-
tion de ce prix à la discrétion absolue de l'acquéreur, en sorte
que celui-ci, pouvant seul le préciser exactement, le retrayant soit obligé de s'en rapporter à sa bonne foi. Comme
ce dernier pour exercer le cheffaa doit rembourser à l'acheteur dépossédé l'intégralité du prix en principal et accessoires, on voit la conséquence : l'exercice du droit de cheffaa
est pour ainsi dire rendu impossible, l'acheteur pouvant, afin
de conserver son acquisition, exagérer tellement l'énonciation
du prix réel que le retrayant ne puisse le rembourser.

Voici comment les choses se passent dans la pratique :

Dans *la vente à seurra* (le mot seurra veut dire bourse) l'a-
cheteur place dans un mouchoir de la monnaie de tout genre,
du billon, de l'argent et de l'or. On noue le mouchoir et l'a-
cheteur le jette dans un puits, le cache à l'insu de tous (2).
ou le remet aux mains du vendeur.

____

(1) Mokhtaçar, *Du droit de retrait ou de préemption* ; Sautayra et Cherbonneau, *op. cit.*, II, n° 805.

(2) Voici la copie de deux actes de vente à seurra, passés tous deux par le cadi

Dans la *Kemchat-el-Medjehoulat* (poignée d'argent distribuée à des passants inconnus), l'acheteur distribue à des pauvres ou à des passants inconnus du vendeur une somme composée de toutes sortes de pièces.

Dans les deux cas l'acte de vente mentionne que l'achat a été fait moyennant un prix déterminé augmenté d'une somme indéterminée connue ou inconnue du vendeur, peu importe, et qui a fait l'objet de la seurra ou de la kemchat.

Si maintenant quelqu'un veut user du droit de cheffaa, il devra s'adresser à l'acheteur pour connaître la somme déposée dans la seurra ou distribuée dans la kemchat, et le croire sur parole. Celui-ci peut donc, en exagérant cette somme, rester maître du marché.

Un troisième moyen pour paralyser l'exercice du cheffaa se présente quand la vente porte sur un immeuble non bâti de grande étendue tel qu'un *enchir* (1). On excepte de la vente

---

hanéfite d'Alger (V. *Droit musulman*, Sautayra et Cherbonneau, t. II, n° 784).

Le premier, daté du 25 février 1849, porte :

« Omar ben el Hadj Bdioui a acheté à Ali ben el Hadj Djoubeur la totalité du tiers de haouch el Ouaraci, ainsi que la totalité du tiers du haouch connu sous le nom de haouch Staouli et situé sur le territoire des Kachenas. Cette vente est parfaite, définitive, exécutoire ; elle a été stipulée pour un prix de 650 douros (3.250 fr.), prix auquel est venue se joindre une seurra ou bourse dont le contenu est resté ignoré, afin de faire échapper l'acquéreur au droit de cheffaa ou retrait. Le vendeur a perçu le prix susindiqué ainsi que la seurra, et l'acquéreur est entré en possession de l'immeuble par lui acquis. »

Le second, reçu le 9 mai 1850, est ainsi conçu :

« Sidi Ahmed ben si Abd-er-Rhaman el Isseri a vendu à Mohammed ben Mahi Eddine un immeuble situé dans les Issers. Cette vente a été consentie moyennant la somme de 100 douros soit, en monnaie française, 500 francs, plus une somme non connue qui a été payée lors de la passation de l'acte, laquelle somme (les 100 douros) a été payée moitié avant ce jour et moitié en présence des témoins soussignés. Quant à la seurra, elle a été distribuée aux pauvres, et le vendeur a consenti bonne et valable quittance de son prix. »

Ce second exemple s'applique plutôt, semble-t-il, à la kemchat-el-Medjehoulat.

(1) Domaine rural.

du côté de chaque propriété contiguë, une bande très étroite de terrain, n'ayant la plupart du temps qu'une très faible valeur. La contiguïté étant supprimée, l'exercice du cheffaa devient impossible (1).

Sauf la donation et la prescription acquisitive, les autres modes d'acquisition ne donnent lieu à aucune remarque.

Pour être valable en droit tunisien, la donation doit être suivie d'acceptation et de prise de possession (2). Les actes de donation constatent toujours en effet que le donataire a vu, agréé et reconnu l'objet de la donation, et qu'après en avoir fait le tour, il en a pris possession.

La prescription acquisitive s'accomplit simplement par une possession (3) publique, paisible et non précaire prolongée pendant un certain temps (4). Elle n'exige ni juste titre ni bonne foi, aussi une possession illégale, abusive même, amène à la prescription (5). Celle-ci est soumise dans son cours à plusieurs causes de suspension dont les principales sont : l'absence, la minorité et la prépotence.

L'absence, dans ce cas, n'a pas le même sens qu'en droit

(1) Ce moyen a été employé notamment lors de l'acquisition de l'enfida, propriété de 140.000 hectares achetée par une société française (V. notamment *Revue des Deux-Mondes*, 1890, t. II, art. de M. Planchut et *La vie errante* de Guy de Maupassant, p. 180).

(2) Trib. de Tunis, 1er avril 1895, *Rev. alg.*, 1896.2.133.

(3) La prescription extinctive de la propriété est reconnue par la loi musulmane, en ce sens seulement qu'une action non intentée pendant un certain temps ne peut plus être reçue en justice. Le droit du demandeur existe toujours néanmoins, il ne saurait devenir nul par suite de son ancienneté, et de ce fait qu'il n'a jamais été exercé. L'action existe toujours également, mais n'est plus recevable, aussi a-t-on admis non son extinction, mais sa *paralysation*. La conception musulmane est d'ailleurs celle du droit romain où l'obligation naturelle subsistait toujours ; c'est peut-être celle du code civil ainsi que cela semble résulter de l'article 2223.

(4) Trib. de Tunis, 15 mai 1893, *Rev. alg.*, 1893.3.311.

(5) Trib. Tunis, 15 mai 1893, *Rev. alg.*, 1893.2.311 et Trib. de Tunis, 20 mars 1894, *Rev. alg.*, 1893.2.280 et la note.

français. Elle signifie l'état d'un individu non présent qui est dans l'impossibilité absolue d'agir (1). Il n'y a rien de particulier à dire de la minorité.

La prépotence s'entend de ceux qui détiennent la puissance publique. La loi musulmane leur refuse à bon droit la possibilité de prescrire, car elle suppose que le propriétaire a pu être empêché dans ses légitimes revendications par la crainte que lui inspirait la haute situation de son adversaire (2).

Bien entendu quand une de ces causes de suspension vient à disparaître la prescription reprend son cours, elle n'était que suspendue et non interrompue.

Quant aux délais requis pour prescrire, ils varient suivant les rites. Dans le rite hanéfite, le délai ordinaire est de quinze ans excepté en matière pieuse, de bien d'orphelin ou s'il y a excuse légale. En matière pieuse la prescription est de 33 ans, dans les deux autres cas, elle est suspendue tant que dure la cause de suspension. Le rite malékite déclare au contraire que la prescription ne court jamais contre les fondations pieuses, mais en revanche le délai ordinaire pour prescrire est plus court, il n'est que de dix ans « en faveur du possesseur non parent, ni allié, ni copropriétaire, ni associé du demandeur (3) ». Entre parents la prescription est de 10 ans suivant les uns, de 40 ans suivant les autres (4) ; entre copropriétaires ou associés, le délai ordinaire suffit mais il commence à courir seulement du jour où le possesseur a affirmé sa posses-

(1) V. Trib. de Tunis, 11 juin 1894, *Rev. alg.*, 1894.2.439 ; Alger, 28 novembre 1888, *Rev. alg.*, 1889.2.53.

(2) Trib. de Tunis, 25 janvier 1892, *Rev. alg.*, 1892.2.153; 17 juillet 1893, *Rev. alg.*, 93.2.446 ; 11 juin 1894, *Rev. alg.*, 1894.2.439.

(3) Mokhtaçar, art. 1698.

(4) Mokhtaçar, art. 1700. V. Cour d Alger, 6 janvier 1891, *Rev. alg.*, 1891.2.110.

sion en détruisant une construction existante ou en élevant une construction nouvelle (1).

SECTION V

PREUVE DES DROITS RÉELS.

Il existe en Tunisie des titres de propriété, auxquels nous avons fait allusion plusieurs fois au cours des études précédentes. L'origine et le caractère juridique de ces titres sont intéressants à étudier.

Autrefois, la preuve de la propriété était toute verbale, elle s'établissait par la possession et la commune renommée. Les titres écrits les plus anciens, que l'on trouve aujourd'hui en circulation, semblent remonter à l'institution des notaires arabes en Tunisie, c'est-à-dire au temps des premiers beys. Ils durent être établis sur de simples déclarations verbales de possession ou de mutation. Les parties intéressées, se présentant devant deux notaires arabes, leur affirmaient à titre de propriétaires habiter telle maison, cultiver telle terre, faire paître leurs troupeaux dans tels pâturages, etc., indiquant depuis combien de temps et comment elles avaient recueilli ces biens, par succession ou par mutation verbale. Elles requéraient les notaires d'en passer acte, après avoir entendu au besoin les voisins, parents et autres personnes du pays pouvant attester la véracité de leurs dires.

Le titre originaire de chaque droit de propriété n'est donc qu'un simple acte de notoriété, établi sur des présomptions, sans aucune preuve écrite. Cet acte s'appelle en arabe *outika*, mais il est convenu dans le langage usuel de donner au

(1) Mokhtaçar, art. 1699.

premier acte de notoriété, dressé comme il est dit ci-dessus,
non pas le nom d'*outika*, mais celui de *titre de propriété originaire arabe*. On réserve le nom d'outika pour les actes de
notoriété relativement récents, dressés avec l'autorisation
du cadi, quand le titre de propriété originaire a été égaré,
détruit ou n'a jamais existé (1). Aujourd'hui la preuve d'un
droit de propriété résulte donc d'un titre écrit.

Ce titre qui, à l'origine, contenait seulement le nom du
propriétaire, le nom, la contenance et les limites des terres,
devait se transformer à chaque mutation, pour atteindre son
but qui était de représenter toujours le droit de propriété.

Cette transformation se faisait et se fait encore d'une manière assez originale. On ne délivre pas un titre nouveau et
rien n'est rayé sur l'ancien, on se borne simplement, pour
constater les droits des propriétaires successifs, à transcrire
les mutations au bas du titre au fur et à mesure qu'elles se
produisent. Souvent ces transmissions ont été fort nombreuses depuis l'origine du titre, aussi le papier ou parchemin sur lequel il est établi forme-t-il généralement un
énorme rouleau (2). Il constitue en quelque sorte l'arbre
généalogique de l'immeuble. Il ressemble par sa forme matérielle à un billet à ordre, la suscription est remplacée par
la constatation originaire de la déclaration de propriété, en

---

(1) Une outika suivie de trois contrats de vente constitue un titre de propriété.

(2) Les notaires arabes ne se servent pas pour leurs actes du format employé
par les européens. Leur papier est étroit et de forme oblongue. Quand un contrat est passé et qu'il ne reste plus de place sur le titre pour le transcrire, ils
ajoutent au premier parchemin ou papier un second du même genre, et ainsi
de suite. Les actes ainsi établis, collés les uns à la suite des autres, sont en-
roulés et conservés dans des étuis en fer blanc. Inutile d'ajouter que le papier
employé par les notaires acquitte un droit de timbre ; le Trésor public n'a pas
manqué, comme dans la plupart des Etats, de trouver là une ressource considérable.

sus de laquelle sont ajoutées, comme des endossements successifs, les diverses mutations.

Plus un titre est ancien et meilleur il est, car il consacre alors la preuve d'une propriété et d'une possession reculées.

Quelquefois aussi le premier titre a une origine différente. Propriétaires d'une grande partie du sol tunisien, les beys ont coutume d'en abandonner des parcelles à titre de don pour combler les favoris ou récompenser les services. Dans ces occasions le titre originaire consiste simplement en un décret de donation ou *amra-bey*. Chacune des transmissions ultérieures est constatée après l'amra-bey comme sur les titres ordinaires.

En résumé, « en droit tunisien, la propriété immobilière s'établit par la détention régulière et légitime du titre (1) », créé à l'origine pour constater l'existence, l'étendue, les modifications du droit de propriété et les mutations dont il a fait l'objet (2).

Peu à peu l'habitude s'introduisit d'inscrire également sur ce titre tous les droits réels qui affectent la propriété. Cette habitude est devenue une règle aujourd'hui, si bien qu'un droit réel qui ne serait pas inscrit sur le titre ne serait pas opposable aux tiers (3). Principe important qu'il ne faut pas oublier.

---

(1) Si le titre n'était pas reproduit, la preuve du droit de propriété s'établirait par la possession paisible et non précaire de l'immeuble, alors même que cette possession n'aurait pas duré assez longtemps pour amener à la prescription (Trib. de Sousse, 28 fév. 1889, *Rev. alg.*, 1889. 2. 417). Mais pour être inattaquable, le droit de propriété doit être fondé à la fois sur la détention du titre et sur la possession.

(2) Trib. de Tunis, 10 août 1892, *Rev. alg.*, 1893. 2. 373.

(3) Trib. de Sousse, 28 février 1889, *Rev. alg.*, 1889. 2. 417 ; Trib. de Tunis, 20 juin 1891, *Journ. des Trib. fr.*, 1893, p. 87 ; Trib. de Tunis, 21 nov. 1892, *Rev. alg.*, 1893. 2. 90 et la note ; Trib. de Tunis, 10 août 1890, *Rev. alg.*, 1893. 2. 373 ; Trib. de Tunis, 21 nov. 1894, *Rev. alg.*, 1895. 2. 74.

Nous allons examiner ce que devient le titre en cas de transmission de la propriété, et les particularités relatives à l'inscription de quelques droits réels.

Conventionnelle ou forcée, la vente doit toujours être inscrite par les notaires arabes sur le titre de propriété pour être opposables aux tiers (1). Pour les mutations conventionnelles (2), les parties vont devant deux notaires qui dressent un contrat, le signent et le transcrivent immédiatement sur le titre de propriété à la suite des autres mutations s'il y en a déjà eu (3). En même temps, ils copient le contrat sur leurs registres (4), et le titre de propriété est remis entre les mains de l'acheteur.

Les mutations de propriété sont en Tunisie assujetties à payer un droit au Trésor (5). Or autrefois, celles qui étaient faites par acte notarié y étaient seules astreintes ; c'était au moment de l'inscription de la mutation sur le titre que ce droit était perçu, et les notaires exigeaient la justification du paiement avant de rédiger leurs actes. Les européens dès lors, pour éviter des frais, prirent l'habitude de se passer de leur ministère. Ils inscrivaient simplement eux-mêmes la mutation au dos du titre arabe, ou se contentaient de dresser des actes

(1) Il a été jugé cependant que cette règle n'avait pas un caractère absolu, et qu'elle n'était pas applicable lorsque la mutation non transcrite a été suivie d'une mise en possession, et que cette possession s'exerce, sans équivoque, à titre de propriétaire, de telle façon que le nouvel acquéreur n'a pu raisonnablement l'ignorer lors de son acquisition. Trib. mixte de Tunis, 28 mai 1895, *Rev. alg.*, 1896.2. 105. Cpr. Tunis, 10 août 1892, *Rev. alg.*, 1893.2.373 et la note.

(2) Qu'il s'agisse d'un bien melk ou grevé d'un enzel habous, peu importe.

(3) V. Trib. de Tunis, 10 mars 1884, *Rev. alg.*, 1885. 2. 206, confirmé par arrêt de la Cour d'Alger du 14 janv. 1885.

(4) Ce registre constitue en quelque sorte la minute des notaires arabes. Tout se passerait de même pour les différentes espèces de vente signalées par Ebn Acem : vente d'un objet hors vue, vente d'une colonne d'air, etc. (Tohfat, p. 351).

(5) Ce droit, connu sous le nom de carroube, était de 6 1/4 p. 100, ou d'une carroube par piastre. La piastre valait 0 fr.60. Elle a été supprimée récemment par l'adoption de la monnaie décimale.

sous seings privés, se remettant le titre de la main à la main sans rien inscrire dessus. Les acheteurs étaient exposés ainsi à être victimes de fraudes nombreuses que l'expérience des notaires leur eût évitées, comme de traiter sur un titre faux ou sur une outika, le titre vrai étant gardé en réserve par le vendeur.

Un décret du 1er novembre 1893, qui rendit l'impôt obligatoire pour toutes les mutations quelle que fût leur forme, rendit ces fraudes moins fréquentes en enlevant le principal intérêt que les parties avaient de ne pas recourir aux notaires (1).

Si la vente est forcée, il y a lieu également à inscription sur le titre. En droit tunisien, comme en droit français, en effet, les biens d'un débiteur sont le gage commun de ses créanciers qui peuvent les faire vendre en cas de non-paiement (2). Cette vente a lieu aux enchères publiques, soit devant le charâ, quand des tunisiens sont seuls en cause, soit à la barre des tribunaux français s'il y a des européens.

Dans le premier cas le *maroud* ou jugement du charâ qui prononce l'adjudication aux enchères publiques, est *toujours* transcrit sur le titre de propriété. L'autorité musulmane, en effet, pour faire représenter le titre au détenteur récalcitrant, dispose de moyens de coercition que la justice française n'admet pas. Elle le met en prison et l'y tient tant qu'il refuse de représenter le titre de propriété.

Lorsque l'adjudication a lieu à la barre des tribunaux français, il semble plus difficile d'obtenir cette représentation avec la procédure d'expropriation forcée française. On y est arrivé cependant par les soins du secrétariat général du gouvernement tunisien, dont les fonctions sont toujours confiées

(1) Le taux de l'impôt a été abaissé à 4 0/0.
(2) V. Alger, 10 oct. 1892, *Rev. alg.*, 1893. 2. 44.

à un français. On a institué un bureau où des notaires arabes sont spécialement chargés, d'après une traduction régulièrement faite par un interprète reconnu, de faire mention sur le titre de propriété arabe des adjudications aux enchères publiques prononcées par la justice française. Ceux qui deviennent acquéreurs à la barre des tribunaux français ont ainsi les mêmes garanties et les mêmes facilités de régularisation, que s'ils avaient fait leur acquisition devant les notaires arabes ou devant le charâ.

Cette inscription sur le titre de propriété arabe ne présente aucune difficulté lorsque le poursuivant, créancier hypothécaire, est lui-même adjudicataire ; en sa qualité de créancier hypothécaire, en effet, il a reçu, nous l'avons vu, le titre de propriété en gage ; il en est de même lorsque le créancier hypothécaire du saisi est connu ; l'adjudicataire, employant son prix à le rembourser, peut opérer le retrait du titre de propriété. Mais si la poursuite a lieu au nom d'un créancier chirographaire, il peut arriver que durant les formalités mêmes de la saisie, le débiteur resté en possession du titre, vende l'immeuble à un acheteur de bonne foi.

Le système tunisien se prête à des fraudes nombreuses, sur lesquelles nous reviendrons en étudiant les inconvénients de la législation indigène.

Lorsque la mutation a lieu par voie d'échange, tout se passe comme dans la vente, l'acte d'échange se transcrivant toujours sur le titre de propriété ; de même en cas de partage ou de transmission à cause de mort.

Quant à la donation, les jurisconsultes musulmans soutiennent qu'elle est opposable aux tiers indépendamment de toute transcription sur le titre (1). Le charâ a jugé ainsi

(1) Cpr. Cour d'Alger, 16 mai 1893, *Rev, alg.*, 1893.2.329,

dans une affaire récente où un musulman, après avoir fait
donation d'un immeuble à un de ses coreligionnaires qui en
avait pris possession, avait engagé son titre de propriété chez
un européen (1). L'européen contesta la compétence du charâ
et porta l'affaire devant la Cour d'Alger (2). Celle-ci, par un
arrêt du 26 février 1895 (3), décida que le charâ avait définitivement jugé, car la question de savoir si une donation
faite par un musulman est opposable aux tiers, relève de la
loi religieuse, d'après laquelle le charâ est souverain juge.
La Cour a reconnu le donataire propriétaire, à l'encontre du
créancier hypothécaire détenteur du titre sur lequel la donation n'avait pas été inscrite. La raison du jugement du charâ
semble être que le donataire ayant la possession, la déten-

(1) Voici, à titre de curiosité, le jugement du charâ : « Notre maître (nombreuses épithètes laudatives) Sidi Mohammed Etahar Enifer Ech chrif, cadi de
la communion des Malékites (puisse Dieu perpétuer sa gloire !)... rejette la
prétention du sieur X..., et dit que le moyen invoqué par lui en ce qui concerne le vice de la donation résultant de ce qu'elle ne figurait pas sur le titre
originaire, n'était pas recevable pour les raisons rapportées ci-dessus.

« Ce jugement est parfait, il (le cadi) le rend exécutoire et oblige à s'y con-
former, il (le jugement) ne saurait être infirmé après avoir été rendu, ni annulé après avoir été prononcé. Il a été rendu par ce cadi dans le prétoire où
il juge les affaires, au palais du tribunal religieux, contradictoirement entre les
parties, après demande par lui faite à la partie succombante s'il lui restait quelque moyen à faire valoir, et déclaration faite par elle à ce magistrat, puis devant les deux notaires soussignés (tout se fait par ministère de notaires au
charâ), qu'elle n'avait aucun moyen à faire valoir pour repousser cette sentence.

« Cette décision du cadi, juge de l'affaire, a été pleinement confirmée par les
magistrats du siège, nos maîtres (épithètes laudatives), le Bach-mufti, le troisième, le quatrième et le cinquième mufti (souhaits). Elle a été transmise par
l'huissier, le très considérable, le fidèle Y..., ainsi que cela sera confirmé par
l'apposition du sceau ci-dessus. »

(Jugement du charâ du 4 Djoumadi 1311-jeudi 11 janvier 1894.)

(2) Quand un jugement du charâ doit être exécuté à l'encontre d'un justiciable des tribunaux français, il est nécessaire d'obtenir de ces tribunaux un exécutoire du jugement prononcé.

(3) *Rev. alg.*, 1895.2.315.

tion du titre ne signifiait plus rien, car le titre de propriété, sans la possession, est insuffisant pour établir pleinement le droit de propriété.

Jusqu'à présent, nous n'avons envisagé que l'hypothèse d'une transmission totale de la propriété. Or, en principe, chaque droit de propriété né donne lieu qu'à la rédaction d'un seul titre, et celui-ci ne peut servir à plusieurs propriétaires à la fois. Comment donc s'y prend-on en cas de morcellement ?

Voici l'expédient auquel on a recours depuis un temps immémorial. Le titre originaire n'est jamais annulé, mais au fur et à mesure qu'une partie seulement des biens qui y sont compris passe en d'autres mains, les notaires rédacteurs de l'acte donnant lieu au transfert en font mention sur le titre originaire et annulent jusqu'à due concurrence la portion d'inscription relative à la partie de l'immeuble qui fait l'objet de la mutation. De cette façon, le titre originaire ne peut servir au propriétaire précédent que pour la portion qu'il a conservée. Pour donner un titre au propriétaire de la partie détachée, les notaires rédigent un nouvel acte, extrait et résumé du titre originaire. Les principales indications de texte de celui-ci, telles que désignation, limites, anciens propriétaires, date des mutations antérieures, origine de la propriété, etc., sont analysées sur le nouveau. En somme celui-ci est greffé sur l'ancien dont il forme une dépendance.

On appelle ce nouveau titre *medmoun* (extrait). Le medmoun est d'ordinaire délivré à l'acquéreur des immeubles ou des lots les moins considérables, le titre de propriété originaire, avec toutefois la mention du medmoun, restant l'apanage du propriétaire de la plus grande partie des immeubles, tels qu'ils se comportaient à l'origine. Tout se passe de même pour les morcellements ultérieurs, le premier medmoun servant de base pour établir les autres, comme il l'avait été lui-même d'après le titre originaire.

Il nous reste à signaler quelques particularités en ce qui concerne les droits d'enzel et de megharsa.

Lorsqu'une constitution d'enzel a lieu, deux droits réels distincts et opposés prennent naissance, au lieu d'un seul qui existait auparavant. Il n'y a qu'un seul titre de propriété que chacune des deux parties a intérêt à posséder : le crédi-enzéliste, afin de pouvoir se faire payer ultérieurement les arrérages (1), le débi-enzéliste, pour être en mesure de rendre opposables aux tiers les droits réels dont il désirerait grever son droit de propriété.

C'est ce dernier qui a eu la préférence (2). « Les droits du crédi-enzéliste, a-t-on dit, sont toujours sauvegardés par l'obligation où se trouve le débi-enzéliste au cas où il est poursuivi en paiement des arrérages et conteste les devoir, de produire le titre de propriété sur lequel se trouve inscrit l'acte de constitution. »

Plus généralement, satisfaction est donnée aux deux parties. Le titre originaire reste entre les mains du débi-enzéliste, mais en même temps on délivre au crédi-enzéliste un extrait qui consacre ses droits à la rente perpétuelle. Tout se passe alors comme dans le cas de morcellement.

A propos de la megharsa nous retrouvons ici la controverse signalée plus haut en parlant de ce contrat. Les partisans de la réalité du droit réclament son inscription sur le titre de propriété, les autres prétendent qu'elle n'est pas nécessaire pour son opposabilité, à l'égard des tiers.

____

(1) Ils sont exigibles d'après les usages tunisiens par trimestre, par semestre, ou par an, et d'avance. On compte, à moins de convention contraire, d'après l'année musulmane, de 11 jours plus courte que la nôtre.

(2) Trib. de Tunis, 24 juin 1890, *Journ. des trib. franç.*, 1893, p. 67.

Cette dernière opinion a été sanctionnée par un jugement
du Tribunal de Tunis du 10 août 1892 (1).

SECTION VI

DÉFECTUOSITÉS DU SYSTÈME TUNISIEN.

Le système immobilier tunisien, tel que nous venons de
l'exposer, présente de sérieux inconvénients que la pratique
des affaires met chaque jour en lumière.

Tout d'abord, comme il n'existe qu'un seul titre de propriété, ce titre une fois perdu ou détruit, le propriétaire ne
possède plus de preuve écrite de son droit. Depuis nombre
d'années, il est vrai, les actes notariés sont faits en deux ori-
ginaux, dont l'un figure sur le registre des notaires, analogue à la minute des notaires français, et dont l'autre, remis
à la partie, peut se comparer à une expédition ; mais, pour
obtenir une copie collationnée sur le registre, il faut l'autorisation du cadi et des formalités sans nombre, telles qu'enquêtes, etc. Souvent, on ignore l'époque et l'endroit où le
titre a été dressé, par quel notaire il l'a été, et d'ailleurs
les titres anciens n'ont jamais figuré sur les registres.

Le propriétaire, dans ce cas, peut, il est vrai, faire établir
une *outika*, destinée à suppléer le titre primitif. Mais cette
combinaison elle-même engendre diverses fraudes.

Plusieurs outikas relatives à un même immeuble peuvent
être dressées à des dates différentes, soit que le titre originaire ait été perdu ou détruit, soit que le propriétaire de
mauvaise foi, s'adresse à des notaires complaisants, si bien

______

(1) *Journ. des trib. franç.*, 1893, p. 62 ; *Rev. alg.*, 1893, p. 373.

que souvent une même propriété est représentée par des titres multiples.

Il arrive alors que le même immeuble est vendu plusieurs fois, une première fois sur une outika, une seconde sur le titre véritable, et dans ce cas le premier acheteur se verra dépossédé. Ou encore, le propriétaire remettra au créancier hypothécaire une outika, et une fois le prêt effectué, l'argent versé, il vendra sur le titre véritable. Le jour où le créancier hypothécaire voudra faire vendre son gage, il se trouvera en présence d'un acheteur de bonne foi, muni d'un titre inattaquable. Il n'aura qu'un recours illusoire contre son vendeur.

La manière même dont le titre de propriété est rédigé donne toute facilité à la fraude. Nous avons vu en étudiant l'origine et la constitution de la propriété quel aspect présente ce titre. Tous les actes de mutation se suivent, quand la première feuille est remplie, on en colle une deuxième au bas, et ainsi de suite. Or quoi de plus facile, alors surtout que le cachet du magistrat est en haut, à la place d'honneur, que de décoller par exemple le titre par le bas et de supprimer ainsi les dernières mutations, ou d'y ajouter une rallonge ? Dès lors, quelle sécurité pour ceux qui achètent une propriété ou reçoivent un titre en nantissement ?

Il est en outre à peu près impossible de connaître exactement d'après le titre, l'étendue, la consistance et les limites d'un immeuble. La contenance exacte n'y figure presque jamais, quant aux limites, la manière dont elles sont indiquées, les rend on ne peut plus incertaines. Le plus souvent ce sont un arbre, une levée de terrain, un fossé, la propriété d'un tel ; or quand le titre est ancien, ces indications, suffisantes au début, ont le plus souvent disparu sans laisser de traces, l'arbre ayant été abattu, le terrain aplani, le fossé comblé, et le nom des propriétaires voisins modifié par l'usage, quand eux-mêmes n'ont pas changé depuis des siècles. S'en remettre alors à la tradition orale, mais existe-t-elle seulement, puis quelle foi ajouter au témoignage de voisins intéressés ?

Aucune sécurité n'existe donc dans les transactions, aucune trace des mutations n'est ostensible pour les tiers, puisqu'il n'y a d'autre preuve de propriété que le titre ; il n'y a pas de bureau spécial, comme en France la conservation des hypothèques, où tout ce qui concerne la propriété est rassemblé et transcrit. Le système de titre, en apparence très simple, renferme au fond une série de complications (1).

Un indigène, au courant de la coutume et de la langue, peut encore réussir à se garer de ces embûches, mais un européen en est presque fatalement victime.

Or pour attirer en abondance les capitaux nécessaires à l'exploitation des ressources naturelles de la Tunisie, pays essentiellement agricole, dont le sol doit devenir le principal instrument de la richesse publique, il fallait précisément

(1) Depuis l'établissement de la juridiction française, ces complications ont encore augmenté. Ainsi il est arrivé qu'un créancier hypothécaire faisait vendre devant le tribunal du charâ une maison dont en même temps un créancier chirographaire européen faisait opérer l'expropriation devant le tribunal français. Dès lors quelle poursuite était la bonne ? Un jugement du tribunal de Tunis du 23 octobre 1895 (*Journ. des Trib. franç.*, 1895, p. 573) a décidé que les immeubles d'un débiteur ne peuvent être saisis réellement en vertu d'un jugement de la justice française, lorsque antérieurement ils ont été saisis et vendus en vertu d'une décision de la justice tunisienne à la requête d'un autre créancier. On argumenterait vainement pour faire reconnaître la régularité de la deuxième saisie, de ce que toute la procédure suivie devant la justice indigène serait entachée de collusion et de fraude, car les tribunaux français n'ont pas le droit d'apprécier et d'annuler les décisions rendues par les tribunaux indigènes dans les limites de leur compétence.

Si la poursuite n'avait pas lieu à la requête du créancier hypothécaire détenteur du titre de propriété, il pouvait arriver aussi que durant les formalités même de la saisie, le débiteur, resté en possession du titre, vendît l'immeuble saisi à un acheteur de bonne foi.

rassurer les intérêts des européens, « protéger les acquéreurs de terre contre leur ignorance de la langue, des lois
et des usages du pays, mettre les propriétaires à l'abri des
revendications imprévues », assurer en un mot la sécurité
des transactions et leur facilité (1), et faire de la terre un
instrument de crédit pouvant circuler facilement de main
en main.

Deux partis s'offraient alors : introduire en Tunisie la loi
française, ou édifier une législation nouvelle.

Or nous avons vu dans l'introduction les inconvénients
du système français et les réclamations qu'il soulève. Ajoutons encore que notre système hypothécaire établi par nom
de personnes n'était guère praticable en Tunisie où les noms
patronymiques sont inconnus. Les Arabes s'appellent simplement un tel fils d'un tel, les prénoms ne sont pas très
nombreux, et dès lors comment distinguer les individualités
les unes des autres, quand en France, le grand nombre de
certains noms patronymiques crée déjà des difficultés?

Fallait-il introduire dans un pays neuf une législation ancienne imparfaite, qui sera peut-être remaniée dans un avenir
prochain?

Le gouvernement du protectorat ne l'a pas pensé, et il a
fait appel aux principes du système Torrens, en utilisant
autant que possible ce que la loi indigène avait de bon.
Il fallait en effet désorienter le moins possible les habitants
du pays. Or l'existence d'un titre de propriété contenant
l'historique et l'identification de la propriété, constituait un
moyen commode de vérification. L'Act Torrens avait l'avantage de se rapprocher en cela de la législation tunisienne,
puisque dans ce système la base de la propriété est le titre

____

(1) Rapport de M. Cambon, 1885.

sur lequel tout ce qui l'intéresse : désignation, contenance, limites, servitudes, hypothèques, droits réels de toute sorte. se trouvent mentionnés et sont apparents pour l'œil le moins exercé.

Cependant faire table rase de la législation existante eût peut-être été téméraire, on ne change pas ainsi d'un trait de plume les usages de tout un peuple, surtout d'un peuple musulman, où la législation fait partie du domaine religieux ; c'eût été en outre un sujet de dépenses exorbitantes (1).

On laissa donc vivre l'ancienne législation côte à côte avec la nouvelle. Celle-ci fut rendue facultative. Pour qu'un immeuble soit régi par la loi, l'intervention de certaines personnes intéressées (le propriétaire généralement) est nécessaire. Il doit faire une démarche particulière, formuler une demande d'immatriculation exprimant nettement sa volonté à cet égard. Mesure sage par excellence, qui permet de faire apprécier les bienfaits de la loi, la fait désirer et pénétrer peu à peu dans le pays sans bouleversement, ni violence.

(1) Puis le service topographique n'était à cette époque ni assez bien organisé, ni assez considérable pour mener à bien une opération aussi importante, et enfin, constate M. Besson, « l'extension de la juridiction française à toute la propriété foncière dans un pays aussi récemment soumis à notre protectorat, pouvait éveiller les susceptibilités des nations étrangères et créer des difficultés diplomatiques » (*Les livres fonciers*, p. 380). On sait que l'Italie notamment apporta toutes sortes de difficultés à notre administration. Elle ne néglige encore aujourd'hui aucun moyen d'entretenir son influence dans la régence, notamment par des subventions accordées aux chemins de fer italiens, par la continuation d'un service postal particulier, à côté de celui qui a été créé par le gouvernement du protectorat, etc.

CHAPITRE II

LOI DU 1ᵉʳ JUILLET 1885 ET MODIFICATIONS APPORTÉES
PAR LES LOIS ET DÉCRETS POSTÉRIEURS.

SECTION PREMIÈRE

HISTORIQUE.

Nous avons vu dans le chapitre précédent quelle nécessité avait amené le Gouvernement du protectorat à intervenir pour protéger les intérêts européens confondus avec ceux mêmes du progrès et de la civilisation. Cette intervention s'est manifestée par la promulgation de la loi foncière du 1ᵉʳ juillet 1885.

Une commission, dont M. Paul Cambon, résident général de la République française auprès du Gouvernement tunisien, était président, avait été instituée par un décret beylical du 9 chaoual 1301-31 juillet 1884 pour « préparer la codification des lois relatives à la propriété foncière en Tunisie et proposer les conditions dans lesquelles la compétence en matière immobilière serait remise aux tribunaux français (1) ».

Cette commission se mit au travail avec une ardeur infatigable. En quelques mois, elle étudia les régimes fonciers des différents pays d'Europe et celui en vigueur en Australie. Ce dernier, avec la base solide qu'il donne aux droits réels, sa publicité absolue, son régime hypothécaire, simple, précis,

(1) Art. 5 du décret (Bompard, *op. cit.*, p. 272).

ouvert à tous, convenait à la fois aux exigences d'un pays neuf, peu au fait de la complication du régime français et à celles du crédit moderne qui réclame la facilité, la rapidité et la sécurité des transactions. De plus par l'emploi qu'il fait des titres de propriété, nous l'avons déjà remarqué, le système australien offrait quelque ressemblance avec les usages jusqu'alors en vigueur en Tunisie, et il pouvait être plus facilement accepté par la population indigène.

La Commission néanmoins ne se contenta pas d'adopter et d'appliquer simplement ce système, elle voulut le perfectionner par quelques emprunts faits à d'autres législations. A la loi prussienne de 1872, elle prit le système des prénotations appelées ici oppositions conservatoires parce qu'elles ont pour but de sauvegarder les droits des tiers revendiquants sans préjudicier à ceux du propriétaire ; à la loi belge de 1851, elle emprunta les règles de l'hypothèque légale des incapables.

Peut-être eût-il été plus simple de s'en tenir là et d'appliquer l'*Act Torrens* ainsi corrigé. Les législateurs, mus sans doute par le désir de faire contribuer également nos lois nationales à la confection de la nouvelle législation, ne l'ont pas pensé (1). Ils ont voulu introduire autant que possible le Code civil dans la Régence (2). Sous l'influence de cette préoccupation, on essaya de concilier des principes aussi difficilement conciliables que celui de l'acquisition des droits par

---

(1) V. le rapport fait au nom de la sous-commission chargée d'examiner le projet de loi proposé par le Gouvernement tunisien, relativement à la constitution de la propriété foncière et des droits réels immobiliers en Tunisie, par M. Pontois (*Rev. alg.*, 1885.1.121).

(2) « Les dispositions du Code civil français qui ne sont contraires ni à la présente loi, ni au statut personnel ou aux règles de successions des titulaires de droits réels immobiliers s'appliquent en Tunisie aux immeubles immatriculés et aux droits réels sur ces immeubles » (art. 2 de la loi).

l'inscription seule (1), emprunté au régime *Torrens,* avec la théorie de la prescription établie par notre Code. Bien des complications, des obscurités même en résultèrent, qui eussent pu mettre la nouvelle législation en péril, si des lois postérieures n'étaient venues corriger les erreurs qu'une trop grande précipitation avait fait naître.

La loi nouvelle, décrétée le 19 ramadan 1302-1er juillet 1885, a été promulguée 11 jours plus tard.

Elle a été modifiée successivement par les lois du 12 chaban 1303-16 mai 1886 ; 2 rabia-el-aoual 1306-6 novembre 1882; 16 chaban 1309-15 mars 1892. Nous indiquerons, en étudiant la loi, en quoi ont consisté les principaux changements.

SECTION II

ÉTUDE DES SOURCES.

Avant d'aborder l'étude de la loi, il convient de dire quelques mots, sur les sources auxquelles il a été puisé pour son édification (2).

§ 1. — Loi prussienne de 1872.

Le législateur tunisien a emprunté à la loi prussienne le système des prénotations.

Le Grundbuch allemand a une force probante absolue, et cette force probante peut dans certains cas léser les droits des tiers. Supposons par exemple le vendeur d'un immeuble

(1) Au moins au regard des tiers.

(2) Nous ne parlerons pas néanmoins du code civil auquel il a été fait de larges emprunts, ses principes étant suffisamment connus. Nous indiquerons au reste en étudiant la loi les parties de ce code qui s'appliquent en Tunisie.

qui intente une action en revendication contre son acheteur.
Celui-ci, ayant fait inscrire son droit, est considéré comme
propriétaire irrévocable, il peut donc aliéner l'immeuble
à titre onéreux au profit d'un tiers de bonne foi, avant que
le tribunal ait statué sur la demande en revendication. Cette
demande étant ensuite admise, le vendeur, tenu de respecter
l'aliénation faite par son acheteur, n'aura qu'un recours personnel, peut-être illusoire, contre lui.

Pour atténuer cette rigoureuse conséquence du principe
de la force probante, la loi de 1872 permet au revendiquant
de réserver ses droits au moyen d'une prénotation (*Vormer-
kung*) prise sur le Grundbuch. Cette prénotation empêche
toutes les aliénations ou constitutions de droits réels faites
postérieurement d'être opposables à celui qui l'a requise ;
elle ne gêne pas le propriétaire puisque, une fois son droit
bien établi, elle disparaît et est censée n'avoir jamais existé ;
d'autre part, elle protège suffisamment le revendiquant
puisque, s'il est fait droit à sa demande, toutes les aliénations et constitutions de droits réels, même faites au profit
de tiers de bonne foi et à titre onéreux, après l'inscription de
la prénotation ne lui sont pas opposables ; les droits des tiers
enfin sont sauvegardés, car l'examen du livre foncier leur
permet de connaître le risque d'éviction qui les menace s'ils
traitent avec le propriétaire avant le jugement.

Cet expédient concilie donc d'une manière très heureuse
les intérêts du nouveau possesseur avec ceux des anciens
propriétaires (1).

---

(1) V. Besson, *op.cit.*, p. 265 et suiv. L'idée de ces prénotations se retrouve
dans l'article 958 du Code civil.

§ 2. — Loi belge de 1851 (1).

Cette loi ne nous intéresse qu'au point de vue de la régle-
mentation de l'hypothèque légale des incapables dont s'est
inspirée la loi du 1ᵉʳ juillet 1885.

La publicité hypothécaire est absolue en Belgique. La loi
du 16 décembre 1851 soumet à l'inscription sur les registres
du conservateur toutes les hypothèques, même celles des
incapables. Quant à l'hypothèque judiciaire, elle la supprime
purement et simplement, mais reconnaît en revanche l'hypothèque testamentaire que nous retrouverons dans la loi
tunisienne.

La règle de la spécialité est aussi générale ; comme aux
hypothèques volontaires, elle s'applique à l'hypothèque légale des incapables et à celle de l'Etat. Cette hypothèque est
générale, c'est-à-dire qu'elle porte sur tous les biens, même
ceux à venir, des tuteurs, maris ou comptables, mais elle
est spéciale en ce sens que chaque immeuble doit y être soumis nominativement, et que le montant de la somme garantie par l'hypothèque doit être indiqué.

Le conseil de famille fixe cette somme et désigne les immeubles hypothéqués (2). Sa délibération doit être motivée
et le tuteur entendu. Si les intéressés y font opposition, celle-
ci est jugée comme en matière sommaire. Quant à l'inscription, elle doit être requise par le tuteur, ou à son défaut par
le subrogé tuteur, ou telle autre personne désignée par le
conseil de famille (3) ; le tout sous le contrôle supérieur de
l'autorité judiciaire. L'article 63 ordonne en effet la tenue au

(1) V. Besson, *op. cit.*, p. 196 et suiv.
(2) Art. 78.
(3) Art. 52, 53.

greffe de chaque justice de paix d'un état de toutes les tutelles
ouvertes dans le canton. Tous les renseignements sur la date
de l'ouverture des tutelles, les délibérations du conseil de
famille, les inscriptions y sont relatés, et chaque trimestre,
le conservateur y mentionne les inscriptions prises (1). Une
copie de cet état est remise chaque année au tribunal qui
prescrit en connaissance de cause les mesures à prendre pour
sauvegarder les intérêts des mineurs.

Si le tuteur n'a pas d'immeubles ou n'a que des immeubles
insuffisants, le conseil de famille peut ordonner le versement
des capitaux des mineurs à la caisse des dépôts et consigna-
tions. Enfin l'inscription peut être augmentée ou diminuée
au cours de la tutelle suivant les besoins.

L'hypothèque de la femme mariée doit de même être spé-
cialisée avant d'être inscrite. Or cette hypothèque peut prendre rang soit au moment du mariage, soit pendant le mariage.
Dans le premier cas, c'est-à-dire pour celle qui garantit la
dot et les conventions matrimoniales, ce sont les parties
elles-mêmes qui la spécialisent dans le contrat ; dans le second, si la femme veut garantir par une hypothèque les droits
qui lui sont acquis postérieurement, elle doit s'adresser au
président du tribunal.

L'hypothèque de la femme doit toujours être inscrite sous
peine d'être inefficace. L'inscription en est prise à la requête
du mari pour les hypothèques destinées à garantir la dot et
les conventions matrimoniales, et à la requête du mari ou de
certaines personnes désignées par la loi pour celles destinées
à garantir les droits nés depuis le mariage.

L'hypothèque prend rang vis-à-vis des créanciers par l'effet

(1) Circulaire du 11 mars 1852.

et du jour de l'inscription (1). Si elle devient excessive, le mari peut en demander la diminution (2).

Nous retrouverons ces principes dans la nouvelle loi foncière tunisienne.

§ 3. — Loi australienne de 1861.

La principale source à laquelle ait puisé le législateur tunisien est la loi foncière australienne, dont le système forme la base du régime nouveau.

Cette loi, connue sous le nom d'*Act Torrens*, date du 2 juillet 1858. Proposée pour la première fois par Sir Robert Richard Torrens, registrar général de la colonie de South-Australia, elle fut modifiée en 1861 par le *Real property Act*. On lui conserve généralement le nom de son fondateur.

Celui-ci s'est inspiré des régimes fonciers des villes de la Hanse, et particulièrement de celui de la ville de Brême (3). Primitivement limité à la colonie de South-Australia, le nouveau régime ne tarda pas à prendre de l'extension, et fut adopté successivement par la Tasmanie, le Queensland (1861); la province de Victoria, le New-South-Wales (1862) ; la Nouvelle-Zélande (1870) ; l'Australie occidentale (1874); la Colombie britannique, les îles Fidji, Malacca (1886), sauf quelques modifications de détail (4).

(1) Art. 81.
(2) Art. 72.
(3) L'idée d'un régime basé sur la publicité remonte plus haut encore ; on peut en trouver le principe même dans l'appropriance de Bretagne (V. Besson, *op. cit.*, p. 53 et s.).
(4) En Angleterre même, le parlement, à deux reprises différentes, a prescrit une enquête destinée à faire connaître le mécanisme de cette législation et ses résultats pratiques. Si l'Act de lord Westbury de 1862, et celui de lord Cairns de 1875 sont tombés en discrédit, la faute en est au gouvernement anglais qui n'y a pas tenu vigoureusement la main pour combattre les idées fausses qui s'étaient formées dans l'opinion publique, et aussi et surtout aux hommes de

Tout le système repose sur l'*immatriculation*. D'une manière générale, celle-ci consiste dans l'établissement d'un titre sur lequel tous les droits concernant la propriété sont inscrits par l'autorité compétente après les formalités nécessaires pour sauvegarder les droits des tiers. Ce titre démontre par lui-même la légitimité de ce qu'il contient. Aucune preuve n'est admise contre lui.

En Australie l'immatriculation est facultative, en ce sens que chaque propriétaire est libre de placer ou non son immeuble sous le régime de la loi nouvelle, mais une fois l'immatriculation opérée, elle est définitive et tous les droits réels affectant la propriété doivent être inscrits sur le titre.

L'immeuble immatriculé demeure la propriété incommutable de celui au nom duquel l'immatriculation a été ordonnée. Il est donc de toute nécessité avant de procéder à cette immatriculation, de se livrer à une enquête approfondie sur l'étendue du droit du demandeur.

Un fonctionnaire spécial, le *Registrar general*, chargé d'appliquer la loi, reçoit les demandes en immatriculation, à l'appui desquelles le propriétaire doit fournir ses titres de propriété et ses plans. Des formules légales sont délivrées comme modèles de demandes.

Les titres et les plans sont soigneusement examinés et une commission spéciale, réunie sous la présidence du Registrar general, admet ou rejette l'immatriculation, et fixe un délai pendant lequel les oppositions seront reçues. Sa décision est notifiée aux propriétaires riverains et paraît dans le *Journal officiel*. Si dans le délai fixé il n'est pas fait d'opposition, le

---

loi, aux *solicitors* qui auraient vu par l'application du nouveau régime leur ministère considérablement restreint et leurs prérogatives diminuées (V. Ch. Fortescue Brickdale : Le système Torrens en Angleterre. *Revue d'économie politique*, 1890).

Registrar general délivre le certificat de titre et procède à l'immatriculation (1).

Le certificat de titre est rédigé en double. Le Registrar general y mentionne les droits réels qui grèvent la propriété; au recto est un plan de l'immeuble. Un des doubles est donné au propriétaire, l'autre reste entre les mains du Registrar general et forme un des feuillets du Registre-matrice (2).

Les certificats de titre sont placés par le Registrar general par ordre chronologique, un répertoire des propriétés immatriculées et une table alphabétique des propriétaires inscrits facilitent les recherches.

Dès l'immatriculation, tous les anciens titres sont abolis, le nouveau est substitué à eux, son autorité est indiscutable, irrévocable, et quelles que soient les mutations à venir, il conservera entre les mains des porteurs successifs sa valeur initiale.

En effet, « tout certificat de titre, dûment scellé et signé du Registrar general, dit l'article 33 de la loi, fera foi en justice de son contenu et de son immatriculation, et fera preuve que la personne qui y est dénommée est réellement investie des droits qui y sont spécifiés ». L'article 123 ajoute : qu' « aucune action en éviction ne sera recevable contre le propriétaire immatriculé d'un immeuble soumis à la présente loi », et que « la production en justice du certificat de titre formera un obstacle absolu à la poursuite qui sera intentée contre la personne qui y est désignée comme propriétaire ».

L'action en revendication contre le titulaire du certificat

(1) Le bien-fondé des oppositions est jugé par les tribunaux de droit commun. Toutes les décisions du Registrar general sont susceptibles d'appel devant l'autorité judiciaire.

(2) Dans certaines colonies même le double du titre est la reproduction photographique du Registre-matrice, de telle sorte que toute erreur, toute fraude devient impossible.

de propriété n'est par exception recevable que dans les cas où un créancier hypothécaire poursuit l'expulsion de son débiteur ; un bailleur celle de son locataire ; que lorsque la revendication est exercée par une personne victime d'une fraude contre le prétendu propriétaire immatriculé par fraude ou contre ses ayants cause (à l'exception d'un acheteur ou d'un créancier hypothécaire de bonne foi); que si la revendication est formée à raison d'une erreur de bornage ; enfin, si elle est faite par un propriétaire porteur d'un certificat de titre antérieur et dûment enregistré (art. 123 *in fine*).

Ces exceptions à part, le certificat de titre est à l'abri de toute revendication. Tout ce qu'il contient fait foi en justice. Si un tiers est lésé, il aura une action personnelle en recours contre l'auteur du dommage, et à son défaut contre l'état (1).

Le mode d'établissement du titre de propriété en Tunisie se rapproche beaucoup, nous le verrons, de celui en usage en Australie. De plus, dans ces deux systèmes, le titre doit toujours représenter exactement la condition juridique de l'immeuble ; tous les droits réels qui affectent la propriété doivent y être mentionnés en même temps que sur le registre-matrice, au fur et à mesure qu'ils prennent naissance.

Toutefois cette inscription ne produit pas des effets identiques dans les deux législations, et c'est là une des principales différences qui les séparent. Tandis que dans le régime Torrens, les droits réels ne prennent naissance, même *inter partes* que par le fait de leur inscription sur le registre-matrice et le certificat de titre, en Tunisie au contraire, celle-ci n'est requise que pour rendre le droit opposable aux tiers, le simple consentement suffit pour son existence *inter partes*.

___

(1) Un fonds d'assurance, alimenté par une taxe perçue au moment de l'immatriculation, a pour but de pourvoir à ces indemnités.

La rédaction tunisienne de 1885 laissait des doutes à ce sujet. En effet si d'un côté l'article 16 posait en principe que : « l'existence d'un droit réel résultera, *à l'égard des tiers*, de son inscription », l'article 342 déclarait à son tour que « tout droit réel relatif à un immeuble déjà immatriculé n'existera que par le fait et du jour de son inscription à la conservation de la propriété foncière, sans préjudice des droits et actions réciproques des parties pour l'inexécution de leurs conventions ». Cet article absolument général et dont la rédaction était postérieure à celle de l'article 16 paraissait s'appliquer aussi bien aux conditions d'exis tence *inter partes* qu'aux conditions d'existence vis-à-vis des tiers. Aussi, en se fondant sur les discussions engagées au sein de la Commission et sur l'économie générale de la loi, M. Dain, malgré ces contradictions, n'hésitait pas à penser que la théorie de l'acquisition des droits réels par la seule inscription avait prévalu dans la loi tunisienne (1).

Peut-être cela eut-il été en effet plus logique, mais les lois postérieures n'ont pas consacré cette manière de voir, et il est aujourd'hui certain que le simple consentement suffit pour la naissance du droit entre les parties ; l'inscription n'est requise que pour son opposabilité aux tiers. Le nouvel article 342 est formel à cet égard : « Tout droit réel relatif à un immeuble déjà immatriculé, dit-il, n'existera, *à l'égard des tiers*, que par le fait et du jour de son inscription. » Tel est également le principe de la loi du 23 mars 1855.

Cette importante divergence de vue signalée, nous verrons en étudiant le système tunisien que soit dans la réalisation même de l'immatriculation, soit dans celle de l'inscription des droits réels, il n'existe plus guère que des différences de détail entre les deux régimes.

(1) Dain, *op. cit.*, p. 28.

SECTION III

PROCÉDURE D'IMMATRICULATION EN TUNISIE.

Les immeubles par nature seuls sont susceptibles d'immatriculation (1).

Toute la procédure depuis la demande peut se réduire à cinq phases.

1° Requête d'immatriculation. Publicité;

2° Délimitation de l'immeuble ;

3° Purge des droits réels ;

4° Examen de la demande ;

5° Etablissement du titre de propriété.

§ 1. — Requête d'immatriculation. — Publicité.

Comme en Australie, l'immatriculation doit être demandée; elle a pour effet de placer l'immeuble qui y est soumis sous le régime de la loi foncière du 1ᵉʳ juillet 1885 (2). Les seules personnes qui puissent faire la demande sont les suivantes : « 1° Le propriétaire et le copropriétaire ; 2° l'enzéliste et le coenzéliste (3) ; 3° les détenteurs de droits réels énumérés ci-après : usufruit, usage, habitation, emphytéose, superficie,

(1) Article 14.

(2) Article 18.

(3) Le copropriétaire et le coenzéliste ont été ajoutés par la loi du 6 novembre 1888. Il a été jugé que si, de plusieurs copropriétaires d'un immeuble, un seul demande l'immatriculation, celle-ci devra être prononcée pour le tout, et non pour la part du demandeur, alors même que l'autre ou les autres propriétaires ne le désireraient pas (Trib. de Tunis, 20 mars 1895. *Rev. alg.*, 1895.2.358). On doit décider de même au cas où c'est le coenzéliste, le cousufruitier, le cousager, etc. qui fait la demande. D'après l'article 22, avant-dernier alinéa, ils n'ont le droit de s'y opposer qu'en demandant le partage ou la licitation de l'immeuble indivis.

antichrèse ; 4° le créancier hypothécaire non payé à l'échéance, huit jours après une sommation infructueuse (1) ; 5° avec le consentement du propriétaire ou enzéliste on copropriétaire ou coenzéliste, les détenteurs de droits réels énumérés ci-après : servitudes foncières, hypothèques (2). »

En pratique, elle n'est jamais demandée que par le propriétaire ou l'enzéliste.

La réquisition est remise entre les mains du conservateur de la propriété foncière (3), elle est établie en arabe et en français et doit contenir :

1° Les noms, prénoms, surnoms, qualités, profession, domicile de la personne ou des personnes qui requièrent l'immatriculation, le lieu et la date de la naissance, les noms des conjoints, et s'il a été fait un contrat de mariage, la date de cet acte ainsi que les noms et demeure de l'officier public qui l'a reçu, afin de s'assurer de la capacité du requérant.

2° La qualité du demandeur, propriétaire, enzéliste, usufruitier, etc.

3° La description de l'immeuble, c'est-à-dire le nom sous lequel il est connu, la commune, le village, le territoire, les constructions et plantations qu'il contient, et si c'est un immeuble urbain, le quartier, la rue, le numéro, sa valeur vénale et sa valeur locative, ses limites, etc., enfin tous les renseignements nécessaires pour le bien déterminer.

4° Le détail des droits réels avec la désignation des ayants droit.

---

(1) Il peut de même s'opposer à l'immatriculation d'un immeuble appartenant par indivis à son débiteur, si la demande d'immatriculation n'émane pas de ce dernier, et à condition de faire procéder au partage ou à la licitation de l'immeuble indivis (art. 22 avant-dernier alinéa).

(2) Article 22.

(3) En Australie, le Registrar general.

5° L'énumération des titres de propriétés et pièces produites à l'appui de la demande.

6° Élection de domicile en Tunisie.

7 Le nom sous lequel le demandeur désire que l'immeuble soit immatriculé (1).

Le demandeur signe, et un interprète assermenté certifie l'exacte concordance du texte français et du texte arabe de la réquisition. Des formules imprimées sont mises gratuitement à la disposition du public à la conservation et aux greffes des justices de paix. Cette requête est envoyée au greffe du tribunal mixte, avec les titres établissant le droit du demandeur et tous les documents de nature à faire connaître les droits réels existant sur l'immeuble. S'ils ne se trouvaient pas entre les mains du requérant, les tiers détenteurs devraient les déposer à la conservation foncière dans un délai de huitaine après sommation du requérant, sous peine de dommages-intérêts (2).

Toutes les pièces sont traduites par des interprètes assermentés, un relevé sommaire suffit généralement, excepté pour le dernier acte de chaque titre de propriété qui doit être traduit *in extenso* (3).

Le dépôt de la demande n'a pas d'influence sur les droits des tiers, mais il sert de prélude au prononcé de l'immatriculation qui doit purger tous les droits réels non déclarés exis-

---

(1) Cette idée est inspirée des usages tunisiens où chaque immeuble a un nom.déterminé. Elle est une source de complications, surtout en cas de morcellement. Quand le cadastre sera terminé, il est probable qu'à tous ces noms seront substitués des numéros correspondant aux parcelles cadastrales.

(2) Art. 23, rédaction de 1892.

(3) Ainsi décrété par la loi de 1892. Auparavant tous les titres arabes étaient traduits *in extenso* ; et ils sont généralement fort longs puisqu'ils contiennent tout l'historique du droit de propriété. Cette mesure assure aux requérants un dégrèvement moyen de 50 0/0 sur le coût des traductions (V. Rapport Massicault, 1892).

tant sur l'immeuble. Il est donc de toute nécessité de prévenir les tiers du risque d'éviction qui les menace, de les mettre à même de produire à temps leurs réclamations en organisant des mesures de publicité.

Celle-ci a lieu par voie d'affiches, d'insertions au *Journal officiel* et de publications. « Dans le plus bref délai possible après le dépôt de la réquisition, dit l'article 25, et au plus tard dans les dix jours, le conservateur fait insérer au *Journal officiel* français et arabe un extrait du texte de cette réquisition. — Il envoie au chef du service topographique, au juge de paix du canton et au caïd du territoire dans lequel se trouve l'immeuble, un placard, extrait du *Journal officiel*, reproduisant cette insertion (1). Le juge de paix et le caïd lui accusent réception de cette pièce. — Dans les 48 heures, le juge de paix l'affiche en son auditoire où elle reste jusqu'à l'expiration des délais fixés par l'article 27 ci-après (2) ; le caïd fait publier l'extrait de la réquisition dans les marchés de son territoire (3). »

§ 2. — Délimitation de l'immeuble.

A. *Bornage.* — On procède alors à la reconnaissance matérielle de l'immeuble, par un bornage effectué dans un délai de 45 jours à compter de celui où l'extrait du texte de la réquisition est inséré au *Journal officiel* (4).

(1) L'ancien article 25 prescrivait l'envoi au caïd et au juge de paix du canton de deux copies de la requête qui devait ainsi être établie en triple expédition (V. ancien art. 23). En remplaçant ces pièces par un simple placard, la loi de 1892 a voulu réaliser encore une économie sur les frais d'immatriculation.

(2) C'est-à-dire pendant deux mois à dater de l'insertion au *Journal officiel* de l'avis de clôture du procès-verbal de bornage.

(3) C'est le meilleur moyen de faire parvenir la nouvelle de la réquisition aux intéressés indigènes.

(4) Ce délai de trois mois, sous l'empire de la loi du 1er juillet 1885, avait été abaissé à deux mois par la loi du 6 novembre 1888.

Le bornage, nous l'avons vu, est rendu nécessaire par l'incertitude qui règne généralement sur les limites exactes de la propriété arabe. « C'est en quelque sorte, dit M. Cambon, une prise de possession matérielle qui a le double avantage de prévenir les voisins et d'éveiller l'attention des tiers, en même temps qu'elle fixe pour l'avenir les limites exactes de l'immeuble et tarit ainsi une source fréquente de procès (1). » La date du bornage paraît dans le *Journal officiel* au moins vingt jours d'avance pour que les tiers puissent y assister et produire leurs réclamations, qui seront insérées dans le procès-verbal.

Au jour indiqué, un géomètre assermenté se rend sur les lieux avec celui qui a requis l'immatriculation, ou lui dûment appelé, et procède à l'opération matérielle de bornage (2), en présence du cheikh de l'endroit dont l'assistance est obligatoire, mais gratuite, et sans s'arrêter aux protestations qui peuvent se produire (3).

Pour cela, il plante des bornes prismatiques en ciment portant les lettres I. F. (immatriculation foncière), qu'il est interdit de détruire, dégrader, déplacer ou déranger (4). Défense est faite d'établir sur les propriétés privées des bornes semblables. La date de la clôture des opérations de bornage paraît à l'*Officiel*. Elles ne sont que provisoires, le tribunal mixte pouvant en ordonner plus tard la rectification.

---

(1) Rapport 1885.

(2) Le service topographique peut demander au juge rapporteur nommé par le président du tribunal mixte, tous renseignements sur les titres du requérant déposés au greffe en même temps que la requête d'immatriculation.

(3) D'après les textes de 1885 et de 1888 c'était le juge de paix ou son délégué avec l'assistance obligatoire d'un géomètre et d'un interprète qui procédait au bornage provisoire. L'assistance du caïd était facultative, mais aux frais du propriétaire. La loi de 1892 a encore réalisé une économie sur ce point.

(4) Décret du 3 juin 1891, *Journal off. tunis.*, 1891, p. 151.

B. *Etablissement du plan*. — Un plan conforme à ce premier bornage est alors dressé et remis par le service topographique au conservateur de la propriété foncière dans le délai de trois mois depuis l'insertion au *Journal officiel* de l'avis de clôture (1). Il est rattaché à un réseau de triangulation générale exécuté par les soins de l'autorité militaire, de manière à concorder avec la carte cadastrale future de la Régence (2).

§ 3. — Purge des droits réels.

Les tiers ont deux mois à compter du jour de l'insertion au *Journal officiel* de l'avis de clôture du bornage provisoire, pour produire leurs réclamations et faire opposition à l'immatriculation. Ces réclamations sont reçues par le conservateur, le juge de paix et le caïd (3) ; elles peuvent être envoyées même par lettres missives. Passé ce délai toute opposition serait forclose.

La rigueur de ces dispositions aurait pu léser les droits des incapables et des personnes non présentes dans la Régence, si la loi ne s'était préoccupée de leur sauvegarde. Le président du tribunal mixte en est spécialement chargé. Dès le reçu de la requête d'immatriculation au greffe de son tribunal, il désigne un juge qui a mission expresse de surveiller les intérêts de ces personnes, et tout pouvoir pour

(1) Les délais pour le bornage ou le dépôt du plan peuvent être augmentés par ordonnance du président du tribunal mixte, à condition toutefois que la demande de prolongation soit faite dans les délais légaux (art. 30).

(2) V. *Notice sur l'application de la loi foncière en Tunisie* par M. Piat, chef du service topographique de la Régence, p. 21 et s.

(3) Art. 27. Elles sont mentionnées à leur date sur un registre coté et paraphé par le président du tribunal mixte, pour celles reçues par le juge de paix et le conservateur ; quant au caïd, il les porte sur un livre-journal dont la tenue est prescrite par le décret du 6 rabia-et-tani 1293-1er mai 1876 (Bompard, p. 34).

prescrire au besoin les vérifications et les enquêtes nécessaires.

D'ailleurs le procureur de la République, les juges de paix
et les cadis, les tuteurs, les représentants légaux et toute
personne ayant un intérêt d'affection, peuvent former directement opposition au nom de ces personnes (1).

§ 4. — Examen de la demande.

Les délais de purge expirés, il convient d'examiner le bien
fondé de la demande d'immatriculation.

Le conservateur apparaît de nouveau. Il centralise toute
la procédure : procès-verbaux et pièces relatifs aux oppositions portées devant le juge de paix et le caïd, ou certificats négatifs, certificats constatant l'accomplissement des
formalités d'affichage à la justice de paix et de publication
dans les marchés (2), etc., et les transmet au greffe du tribunal mixte où sont déjà la requête d'immatriculation et les
titres à l'appui, que le conservateur y a envoyés en même
temps que les placards adressés au caïd et au juge de paix ; le
dossier est donc complet.

C'est à ce tribunal tout entier (3), et non au conservateur,
au contraire de la loi australienne, qu'il appartient de prononcer sur la demande d'immatriculation. Il a paru au législateur tunisien que l'examen des droits soumis à l'immatriculation par tout un tribunal présentait plus de garanties (4).

(1) Art. 31 et 32.
(2) Art. 28.
(3) Pour la composition et la compétence du tribunal mixte, voir vⁱⁱᵉ section, § 1.
(4) L'événement a justifié ces prévisions. Tandis qu'en Australie, les demandes de recours contre le fonds d'assurance, tout en étant très rares, se produisent néanmoins quelquefois (de 1862 à 1871 la caisse de la colonie de Victoria
a remboursé 11.500 fr.), pas une seule demande de dommages-intérêts pour
cause de lésion n'a été formée en Tunisie depuis l'application de la loi (V. Dain,

Voici comment est conduite la procédure : Un juge rapporteur, le même qui a pour mission de protéger au besoin les
droits des incapables et non-présents, est nommé par le président du tribunal mixte dès la réception au greffe de la requête
d'immatriculation, c'est-à-dire au début de la procédure (1).
Ce juge, la période de purge terminée, prend au greffe tout
le dossier de l'immatriculation. Il met les opposants en demeure de lui faire parvenir leur requête introductive d'instance avec les pièces à l'appui, dans un délai de quinzaine
sous peine de déchéance (2) ; il invite le requérant à prendre
connaissance des réclamations et à y répondre dans un délai
déterminé, puis il fait son rapport à la chambre compétente
du tribunal. Les parties alors, si elles en ont fait la demande,
peuvent présenter leurs observations verbales, en personne
ou par mandataire (3).

Le tribunal délibère et, réuni en audience publique,
prononce l'admission totale ou partielle de la demande d'immatriculation, ou son rejet, ordonne, s'il y a lieu, la rectification du bornage et du plan, et l'inscription sur le titre des
droits réels reconnus (4).

---

op. cit., p. 26, et Rapports au Président de la République sur la situation en
Tunisie de 1886 à 1896).

(1) V. art. 41, 31, 25.

(2) Lorsqu'il y a plusieurs sommations de produire faites à divers opposants,
cette déchéance n'est encourue que par l'expiration du délai afférent à la dernière sommation (Trib. de Tunis, 15 avril 1889, *Rev. alg.*, 1889. 2. 281).

(3) En l'absence même de toute opposition, le tribunal mixte doit rejeter une
demande d'immatriculation qui porterait manifestement atteinte aux droits des
tiers (Trib. de Tunis, 17 février 1890, *Rev. alg.*, 1890. 2. 176).

De même s'il résulte des enquêtes qui ont été faites que le droit du demandeur est autre que celui qu'il invoque, par exemple qu'il n'est qu'enzéliste,
alors que sa demande est formée comme propriétaire, le tribunal ordonnera
l'immatriculation en conséquence (Trib. mixte de Tunis, 17 janvier 1893, *Rev.
alg.*, 1893. 2. 29).

(4) Article 42.

§ 5. — Établissement du titre de propriété.

C'est la dernière phase de la procédure d'immatriculation. Il reste à exécuter la décision du tribunal mixte, à procéder à l'immatriculation elle-même dont tout ce qui précède n'était que le préliminaire. Le conservateur est chargé de cette dernière opération. Le dossier lui est transmis en même temps que le jugement, et il rédige le titre de propriété.

Celui-ci est établi en langue française sur un registre analogue au Registre matrice australien (1), le plan y est annexé. Il porte un numéro d'ordre et contient la description de l'immeuble, sa contenance, les plantations et constructions qui s'y rattachent, l'inscription des droits réels immobiliers existant sur l'immeuble et des charges qui le grèvent (2). Il doit contenir en outre le nom du propriétaire ou enzéliste, et le nom même donné à l'immeuble.

Tous les anciens titres de propriété sont annulés et restent dans les archives de la conservation. Toutefois, s'il y en a parmi eux qui aient trait à d'autres immeubles non immatriculés, le conservateur les remet aux ayants droit après avoir annulé la partie qui regarde l'immeuble immatriculé (3).

En cas de morcellement, on procède à un nouveau bornage, et il est établi un plan et un titre distincts pour chaque parcelle différente. Si le précédent propriétaire garde l'une des

---

(1) Nouvel art. 45. Auparavant, en l'absence du registre, les titres étaient déposés dans les archives de la conservation foncière.

(2) Art. 44.

(3) Ce cas a été prévu et réglementé par le nouvel art. 42, qui ajoute :

« Les parties du domaine public comprises dans un immeuble immatriculé ne sont pas assujetties à l'immatriculation et les droits qui s'y appliquent subsistent indépendamment de toute inscription. »

parcelles, l'ancien titre peut lui être laissé avec mention des changements opérés (1).

On procède inversement, la loi le sous-entend, lorsque plusieurs parcelles contiguës sont réunies en un seul corps de biens : aux titres individuels de chaque parcelle, le conservateur peut substituer un titre unique pour l'ensemble de l'immeuble.

« Le titre de propriété et les inscriptions conservent le droit qu'ils relatent tant qu'ils n'ont pas été annulés, rayés ou modifiés (2). » Il n'est donc pas nécessaire de les renouveler au bout d'un certain temps comme cela a lieu pour les inscriptions hypothécaires en France.

Si le titre est établi au nom d'un incapable, mention en est faite, et lorsque la cause de l'incapacité cesse, le titre peut être rectifié (3).

Il peut arriver aussi que le titre ait besoin d'être renouvelé, soit parce que la place manque pour prendre des inscriptions nouvelles, soit pour toute autre raison, en ce cas le conservateur, en établissant le titre nouveau, annulera l'ancien ainsi que les copies qui en auraient été délivrées (4). Si la loi n'avait pas pris ces précautions, on aurait pu se trouver aux prises avec la même confusion qui régnait auparavant où plusieurs titres de propriété existaient à la fois sur le même héritage.

Le titre reste toujours entre les mains du conservateur, mais il peut en être délivré plusieurs copies. Seuls les propriétaires et enzélistes y ont droit, les autres intéressés ne

____

(1) Art. 46. Tout se passe en somme comme sous le régime de la loi indigène (V. chap. I, V⁰ section, ce qui est relatif au medmoun).
(2) Art. 47.
(3) Art. 48 et 49.
(4) Art. 50.

peuvent réclamer qu'une délivrance de certificats d'inscriptions.

Cette copie est nominative, elle est la répétition exacte du titre de propriété. Sur ce point, le régime australien s'est montré encore plus prévoyant que le nôtre. Nous avons dit en effet que dans certaines colonies la copie était la reproduction photographique du titre; toute chance d'erreur de la part du copiste ou même de fraude est ainsi écartée. En cas d'indivision, chaque copropriétaire ou coenzéliste a droit à une copie, délivrée au nom de tous les copropriétaires ou co-enzélistes.

Si le conservateur refuse de délivrer une copie ou un certificat de titre, le tribunal est appelé à statuer (1).

La loi de 1885, à l'exemple de l'*Act Torrens*, avait institué un fonds d'assurance destiné à indemniser les tiers dont les droits auraient été lésés soit par l'immatriculation, soit par l'inscription ultérieure de droits réels, malgré toutes les garanties dont la loi les entoure. Ce fonds était alimenté par une taxe perçue au moment de l'immatriculation et à chaque inscription de droits réels. La loi accordait toujours en outre une action personnelle contre l'auteur du dommage, préliminaire indispensable au recours contre le fonds d'assurance(2).

La loi de 1892 a supprimé ce fonds dont l'inutilité résulte clairement des rapports faits chaque année au président de la République par le ministre des affaires étrangères; elle a laissé subsister l'action personnelle, mais seulement en cas de dol et contre l'auteur du dol (3).

(1) Art. 356.
(2) Anciens art. 38, 39, 40.
(3) Art. 38. — V. Trib. de Tunis, 12 novembre 1894, *Rev. alg.*, 1895.2.22. — Voir aussi, Trib. de Tunis, 17 janvier 1889, *Rev. alg.*, 1889.2.338. Il nous reste à dire quelques mots sur l'immatriculation des immeubles vendus à la barre des tribunaux français, organisée par le décret du 16 mars 1892 (Loi

Le titre établi, les droits concernant la propriété sont dé-
terminés. Mais celle-ci n'est pas immuable, elle se transforme
sans cesse, change de mains, est grevée de droits réels. Sous
peine d'avoir fait œuvre inutile et stérile le législateur devait s'efforcer de faire en sorte que le titre de propriété restât
la représentation exacte et constante de la condition juridique de l'immeuble immatriculé. Nous verrons qu'à l'exemple de l'*Act Torrens*, cette concordance est réalisée à l'aide
d'une inscription ; mais avant de nous occuper de cette inscription, il nous faut dire quelques mots des droits réels eux-
mêmes tels que les a organisés la loi tunisienne. C'est dans

foncière et règlements annexes, p. 99).

Pour assurer l'exécution de leurs sentences, ces tribunaux avaient été ame-
nés à pratiquer la saisie immobilière sur des immeubles non immatriculés. Or
l'organisation musulmane de la propriété se prêtait mal à cette opération. La
consistance matérielle de l'immeuble est très insuffisamment déterminée, son
état juridique ne l'est guère mieux ; l'existence simultanée de plusieurs titres
rendait possible l'adjudication sur une outika, et dans ce cas, tous les dangers
de la vente amiable du régime musulman reparaissaient. Aussi, malgré des occasions de placements excellents, les nombreux immeubles vendus devant les
tribunaux français trouvaient-ils peu de preneurs.

Pour remédier à ces inconvénients, le décret de 1892 autorise l'adjudicataire
à requérir l'immatriculation de l'immeuble en consignant son prix de vente
(art. 9 et 10). S'il apparaît alors que la consistance matérielle ou la situation
juridique de l'immeuble sont moindres que celles définies par le cahier des
charges, l'adjudicataire peut obtenir soit une diminution de prix, soit la résiliation de l'adjudication (art. 11). Le tribunal peut même ordonner l'immatriculation d'office si le titre de propriété n'est pas produit ou s'il paraît insuffisant
(art. 3). Comme le prix n'est distribué qu'après la décision du tribunal mixte,
ce retard aurait pu préjudicier aux créanciers, aussi la faculté leur est-elle
donnée de prendre les devants et de demander eux-mêmes l'immatriculation
préalablement à la saisie (art. 2). Les deux procédures marchent de pair, et l'immeuble arrivant devant le tribunal franc et quitte de toutes charges occultes,
est susceptible d'atteindre un prix plus élevé.

Par ces mesures, en résumé, « l'adjudicataire échappera aux risques inhé-
rents à l'ancien régime ; le créancier poursuivant, s'il recourt à l'immatriculation, augmentera la valeur de son gage et en recouvrera le prix sans retard ;
les tiers seront appelés à se défendre ; le saisi tirera de son immeuble un meilleur prix » (Rapp. Massicault, 1892).

cette partie surtout qu'elle s'est inspirée des principes du Code civil.

SECTION IV

DROITS RÉELS IMMOBILIERS.

Pour déterminer quels biens sont immeubles, la loi tunisienne s'est bornée à reproduire dans les articles 3 à 11, les articles 517 à 525 du Code civil, en apportant à l'article 526 une modification dans les articles 12 et 13. Mais les droits immobiliers sont plus nombreux dans la loi tunisienne que dans la loi française, par l'adjonction de quelques droits particuliers à la régence, ce sont :

1° La propriété immobilière ;

2° L'enzel et la rente de l'enzel ;

3° L'usufruit des immeubles ;

4° L'usage et l'habitation ;

5° L'emphytéose ;

6° La superficie ;

7° Les servitudes foncières ;

8° L'antichrèse ;

9° Les privilèges ;

10° Les hypothèques.

L'étude de chacun de ces droits fera l'objet d'un paragraphe. Nous traiterons ensemble d'une part de l'usufruit, de l'usage et de l'habitation, qui constituent les servitudes personnelles, d'autre part de l'emphytéose et de la superficie.

§ 1. — Propriété immobilière.

« La propriété immobilière, dit l'article 56, est le droit de jouir et disposer d'un immeuble par nature ou par destination de la manière la plus absolue, pourvu qu'on n'en fasse pas un usage prohibé par les lois ou par les règlements (1). »

La loi tunisienne s'est bornée le plus souvent en ce qui concerne la propriété immobilière à reproduire les dispositions et les articles du Code civil, se contentant de remplacer partout le mot « choses », absolument général, qui comprend à la fois les biens mobiliers et les biens immobiliers, par le mot « immeubles », puisque la loi ne s'occupe que de ces derniers.

A. *Du droit d'accession.* — A noter en ce qui concerne ce droit deux modifications apportées aux articles 65 et 72 de la loi de 1885 par la loi du 15 mars 1892 qui a supprimé la prescription (2). En Tunisie, on ne connaît pas la distinction entre les rivières navigables ou flottables et celles qui ne le sont pas, par une raison purement géographique : il n'y a pas en effet de cours d'eau navigable ou flottable. Contrairement à l'article 561 du Code civil, l'article 72 de la loi fon-

---

(1) Cpr .C. C., art. 544.

(2) Ancien article 65. « Toutes constructions, plantations et ouvrages sur un terrain ou dans l'intérieur, sont présumés faits par le propriétaire à ses frais et lui appartenir, si le contraire n'est prouvé, *sans préjudice de la propriété qu'un tiers pourrait avoir acquise ou pourrait acquérir par prescription, soit d'un souterrain sous le bâtiment d'autrui, soit de toute autre partie du bâtiment.* »

Ancien article 72 : « les îles, ilots, atterrissements qui se forment dans le lit des fleuves, des rivières ou des cours d'eau, appartiennent à l'Etat, *s'il n'y a prescription contraire.* »

Les mots en italique ont été supprimés dans la rédaction de 1892.

cière déclare que la propriété des îles, ilots et atterrissements, formés par alluvion, appartient toujours à l'Etat. Tous ces accroissements peuvent donner lieu à la rectification du titre, du bornage et du plan, autorisée par le tribunal de la situation de l'immeuble, sans renouveler les formalités prescrites pour la première inscription (1).

L'article 68 parle de marchepied et de chemin de halage, évidemment par imitation du Code civil, car en Tunisie la navigation fluviale est inconnue. Le plus grand fleuve de la régence, la Medjerda, est un ruisseau presque à sec en été, et un torrent en hiver (2).

B. *Du droit de préemption.* — Ce droit si important dans la loi musulmane (droit de cheffaa) devait attirer l'attention du législateur. Son exercice étant susceptible, en effet, de donner lieu à de nombreux abus, on ne pouvait se contenter des procédés rudimentaires et compliqués inventés par la coutume locale pour les corriger. Le droit a été nettement défini et des délais rigoureux ont été fixés pour son exercice.

Nous avons dit en étudiant la loi musulmane en quoi il consistait. Seuls le copropriétaire indivis d'un même immeuble, le copropriétaire divis d'une maison d'habitation, le cohéritier sur les immeubles de la succession, le superficiaire pour l'acquisition du sol, et le propriétaire du sol pour l'acquisition de la superficie, peuvent l'exercer (3).

La loi ne parle pas du crédi-enzéliste ni du débi-enzéliste.

---

(1) Art. 75.

(2) Les crues rongent tellement les terrains qu'il traverse que généralement, même en hiver, il coule entre deux falaises à pic de huit et dix mètres de hauteur, ce qui rendrait le halage bien difficile, alors même que toutes les autres conditions se trouveraient réunies pour qu'il fût possible.

(3) Art. 77. La loi en n'admettant pas les propriétaires voisins a suivi le rite malékite. Nous avons déjà fait remarquer que le Code civil organise un véritable droit de préemption dans les articles 841, 1408 et 1699.

Faut-il en conclure qu'ils ne peuvent l'exercer? Oui, car l'énumération de l'article 77 paraît être limitative, et d'ailleurs le droit de cheffaa, étant exceptionnel, ne saurait être étendu hors des cas prévus. Et pourtant, il y avait exactement les mêmes raisons de leur donner la faculté d'exercer ce droit qu'au copropriétaire indivis.

La loi établit un ordre de préférence entre ces diverses personnes (1).

Comme il importe de ne pas laisser la propriété longtemps incertaine, un délai fort court est imparti pour l'exercice du droit. Les intéressés n'ont que huit jours, à partir de celui où ils ont eu connaissance de la vente, pour notifier à l'acquéreur leur intention. Pour éviter de retarder outre mesure le point de départ de ce délai, les ayants droit pouvant prétendre n'avoir pas eu connaissance du contrat de vente, l'acquéreur peut le leur notifier. Dans tous les cas, le droit de préemption se prescrivant par six mois à dater du jour de la vente, la loi a très heureusement concilié l'intérêt public qui veut que le droit de propriété soit nettement établi, avec le respect des habitudes locales qui avaient organisé le cheffaa.

§ 2. — De l'enzel.

« L'enzel, dit l'article 83, est une propriété foncière grevée d'une rente perpétuelle. » Comme dans la loi musulmane, c'est une propriété d'une forme particulière.

Nous avons dit quelle importance il avait dans la régence, et quelles facilités de crédit il donnait aux indigènes et aux colons ; la loi a donc agi sagement en le réglementant.

(1) Art. 78.

Dans le système de la loi foncière, l'enzel est un droit im-mobilier ainsi que sa rente (1). Pour être opposable aux tiers, ce droit doit être inscrit sur le titre de propriété ainsi que le montant des arrérages (2). Ceux-ci se prescrivent par cinq ans comme dans la loi musulmane (3). L'enzel est susceptible d'usufruit (4), d'hypothèque (5), et d'expropriation forcée au profit des créanciers (6); la rente de l'enzel est susceptible d'u-sufruit, mais non d'hypothèque, ni d'expropriation forcée (7). L'enzel est en principe irrachetable (8). On peut regretter que la loi foncière ait suivi sur ce point les anciens erre-ments, contre lesquels nous avons vu que de nombreuses protestations se sont élevées.

Le crédi-rentier a droit au paiement des arrérages aux époques fixées, et ce droit, garanti par un privilège, suit l'immeuble en quelque main qu'il passe (9). Pour se les faire payer, il peut poursuivre la vente de l'immeuble tenu à enzel (10), et dans ce cas, si le prix de la vente est insuffisant à dédommager le crédi-enzéliste, le débi-enzéliste ne sera personnellement tenu que des arrérages des deux dernières

(1) Art. 13.

(2) Art. 84. Nous avons vu que l'enzéliste peut demander l'immatriculation de l'immeuble sur lequel porte son enzel.

(3) Art. 85. Cpr. C. C., art. 2277.

(4) Art. 93.

(5) Art. 233.

(6) Art. 287.

(7) On ne voit guère le motif de cette exclusion puisque la rente d'enzel est un droit réel immobilier. D'ailleurs la loi de 1885 la déclarait susceptible d'hypothèque. Il semblerait résulter des dispositions de la loi que l'usufruit de la rente d'enzel serait susceptible d'hypothèque et d'expropriation forcée (art. 93, 233 et 287) alors que la rente d'enzel elle-même ne serait susceptible ni d'hypothèque ni d'expropriation forcée.

(8) Art. 86.

(9) Art. 87.

(10) Art. 88.

années (1). On en a conclu que le débi-enzéliste ne pouvait jamais être obligé pour plus de deux annuités sur les biens qu'il possède en dehors de l'immeuble tenu à enzel (2).

Le crédi-rentier, d'après le droit commun, doit livrer l'immeuble au débi-rentier, et le garantir contre toute éviction (3). Celui-ci, de son côté, peut céder son enzel, et il a été jugé que le cessionnaire ayant acquis un droit réel immobilier et non un droit personnel de créance, n'est pas tenu à la signification exigée par l'article 1690 du Code civil (4).

D'ailleurs le titre de propriété fera toujours mention de la cession

§ 3. — Des servitudes personnelles.

A. *De l'usufruit des immeubles.* — Nous avons fort peu de chose à dire sur l'usufruit immobilier tel qu'il est organisé par la loi foncière. Les articles 90 à 134 qui s'en occupent ne sont que la reproduction des articles 578 à 625 du Code civil, en tenant toujours compte de ce que la loi tunisienne n'envisage que les immeubles. Notons cependant qu'il peut être établi :

« 1° Sur la propriété immobilière ;

2° Sur l'enzel ;

2° Sur la rente de l'enzel ;

4° Sur l'emphytéose pour le temps de sa durée ;

5° Sur la superficie (5) ;

6° Sur l'antichrèse ;

(1) Art. 89.
(2) Trib. de Tunis, 13 mars 1893, *Rev. alg.*, 1893.2.237.
(3) Trib. de Tunis, 10 mars 1893, *Rev. alg.*, 1893.2.379.
(4) Trib. de Tunis, 15 mai 1893, *Rev. alg.*, 1893.2.307.
(5) Le texte de 1885 s'arrêtait ici.

7° Sur les hypothèques (1). »

Les arrérages de la rente d'enzel et les intérêts des créances hypothécaires sont rangés, naturellement, parmi les fruits civils (2).

Notons encore que l'usufruit immobilier est susceptible d'hypothèque (3) et d'expropriation forcée au profit des créanciers (4). Il s'éteint par toutes les causes énumérées par l'article 617 du Code civil, mais le non-usage du droit requis pour l'extinction est ici de 20 ans, au lieu de 30 dans la loi française.

B. *De l'usage et de l'habitation.* — Nous n'avons rien de particulier à dire sur ces droits, les articles 134 à 145 de la loi sont la reproduction littérale des articles 625 à 636 du Code civil.

§ 4. — De l'emphytéose (5) et de la superficie.

« L'emphytéose, dit l'article 146, est un droit réel immobilier qui consiste à avoir la pleine jouissance d'un immeu-

---

(1) Cette disposition de l'article 93 relative à l'hypothèque ne s'explique que par une confusion d'idées. Par *usufruit sur l'hypothèque*, les rédacteurs de la loi ont évidemment voulu désigner l'usufruit portant *sur la créance hypothécaire*, usufruit qui est nécessairement mobilier si la créance est mobilière. Ce qui nous prouve que l'usufruit de l'hypothèque n'est autre chose que l'usufruit de la créance, c'est que l'article 97 range parmi les fruits civils auxquels a droit l'usufruitier les intérêts des créances hypothécaires. Cette confusion d'idées s'explique elle-même par la volonté d'obliger l'usufruitier d'une créance hypothécaire à faire inscrire son droit sur le titre sur lequel la créance est elle-même inscrite. Mais il était inutile pour cela de ranger cet usufruit parmi les droits immobiliers, et surtout de parler d'usufruit sur une hypothèque.

(2) Art. 97.

(3) Art. 233.

(4) Art. 287. Nous pourrions répéter ici la même observation que nous avons faite à propos de la rente d'enzel. Cpr. note 7, page 105.

(5) Pour réglementer l'emphytéose, la loi foncière tunisienne s'est inspirée, outre des coutumes locales, de la loi belge du 10 janvier 1824 (*Annuaire de législation française*, 1886. Notice de M. Challamel, p. 154).

ble appartenant à autrui, sous la condition de lui payer une redevance annuelle, soit en argent, soit en nature, en reconnaissance de son droit de propriété. »

D'après cette définition, il n'y aurait aucune différence entre l'emphytéose et l'enzel auquel elle pourrait aussi bien s'appliquer. Les articles suivants sont heureusement plus explicites.

A la différence de l'enzel qui est perpétuel en principe, l'emphytéose ne peut être établie que pour une durée variable entre 20 et 99 ans, se rapprochant en cela du droit d'emphytéose réglementé par la loi des 18-29 décembre 1790 (1).

La rente d'enzel est un droit réel immobilier, le droit à la redevance emphytéotique est personnel et mobilier (2). De plus le droit du débi-enzéliste est absolu, comparable à celui d'un véritable propriétaire. Il a le *jus utendi*, le *jus fruendi*, le *jus abutendi*, ce dernier droit est refusé à l'emphytéote avec la même étendue. Il « exerce tous les droits attachés à la propriété du fonds, nous dit l'article 148, mais il ne peut rien faire pour en diminuer la valeur ». L'enzel ne se présume pas, au contraire tout bail de 20 ans ou plus est présumé emphytéotique à moins de preuve contraire.

Cependant étant donnée l'importance de son droit, l'emphytéote peut requérir l'immatriculation de l'immeuble grevé d'emphytéose, même sans le consentement du propriétaire, comme l'exigeait la loi de 1885 (3) ; il peut aliéner son droit et grever le fonds emphytéotique pour la durée de sa jouissance d'usufruit (4) et d'hypothèque (5). Son droit est

____

(1) V. Baudry-Lacantinerie, *op. cit.*, tome I, n° 1261.
(2) Arg. art. 13.
(3) Art. 22.
(4) Art. 93.
(5) Art. 233.

susceptible d'expropriation forcée au profit de ses créanciers (1).

L'emphytéose s'éteint par l'arrivée du terme fixé, la confusion ou la destruction du fonds, ou la renonciation de l'emphytéote.

« Le droit de superficie, dit l'article 150, est un droit réel immobilier qui consiste à avoir des bâtiments, ouvrages ou plantations sur un fonds appartenant à autrui. » Il a été également reconnu par le Code civil, qui dans l'article 553 indique la prescription comme un de ses modes d'acquisition.

L'immatriculation de l'immeuble grevé de superficie peut être requise par le superficiaire sans le consentement du propriétaire (2). Le droit peut être aliéné, hypothéqué et grevé de servitude (3). Il s'éteint par la confusion et la destruction du fonds (4), par la renonciation, etc.

§ 5. — Des servitudes foncières.

La législation des servitudes foncières a été, pour la plus grande partie, empruntée au Code civil, aussi ne signalerons-nous que les modifications apportées par la loi tunisienne.

Comme en droit français, les servitudes dérivent de la situation naturelle des lieux, des obligations imposées par la loi, ou du fait de l'homme. Ces dernières seules sont assujetties à l'inscription.

A. *Servitudes qui dérivent de la situation des lieux.* — L'article 156 de la loi du 1ᵉʳ juillet 1885 déclarait que tout propriétaire pouvait obliger son voisin au bornage de leurs

(1) Art. 287.
(2) Art. 22.
(3) Art. 151.
(4) Art. 152.

immeubles contigus, et que le bornage entre deux immeubles immatriculés se faisait à frais communs. La première partie du texte, calquée sur l'article 646 du Code civil, était au moins inutile, le bornage étant un préliminaire indispensable à l'immatriculation ; la seconde partie n'avait plus de raison d'être depuis le décret du 16 mars 1892 qui met les frais d'immatriculation à la charge du gouvernement tunisien, sauf remboursement partiel au Trésor. Cet article, sans aucune utilité désormais, a été abrogé par la loi du 15 mars 1892 (1).

B. *Servitudes établies par la loi.* — Ce sont les mêmes que celles du Code civil. Notons cependant que, d'après l'article 165, « le dessus d'une rue est présumé dépendance du domaine public s'il n'y a titre ou marque du contraire ». Il y a marque du contraire si par exemple il y a une arcade au-dessus de la rue, ou des constructions.

Les articles où il était question de la prescription ont été modifiés dans le sens de la loi nouvelle (2).

Nous devons nous étendre un peu plus longuement sur la servitude de vue et signaler ici une anomalie dans le système de la loi foncière.

L'article 184, reproduisant l'article 675 du Code civil, commence par poser en principe absolu que « l'un des voisins ne peut, sans le consentement de l'autre, pratiquer dans le mur mitoyen aucune fenêtre ou ouverture, en quelque manière que ce soit, même à verre dormant » ; l'article 185 défend de même d'ouvrir des fenêtres donnant sur le fonds

---

(1) La loi de 1885 avait reproduit dans l'article 158 (abrogé en 1892) la disposition de l'article 648 du Code civil sur la vaine pâture et le parcours.

(2) Art. 174, 175, 181, 182. L'article 160 parle encore des rivières navigables ou flottables parce qu'il a été copié sur l'article 650 du Code civil. Même remarque que pour les articles 68 et 72 de la loi foncière.

du voisin à moins d'une certaine distance, et l'article 186
ajoute qu'aucune fenêtre donnant vue dans l'intérieur de
l'habitation du voisin ne peut être ouverte sans son consentement.

Ces textes sont on ne peut plus clairs. Pour rester fidèle à
son principe de publicité et de sécurité absolue contre les
dangers d'éviction, la loi eût dû s'en tenir là. Si une fenêtre
avait été ouverte au mépris des articles ci-dessus, le voisin
à toute époque eût pu en exiger la fermeture. Mais voici
l'article 187, 2ᵉ alinéa qui, à son tour, édicte : « Les personnes qui auraient à réclamer contre l'ouverture d'une porte
ou d'une fenêtre, ou l'élévation d'une construction, faites contrairement aux dispositions de la présente section, auront
un délai de six mois à dater de l'ouverture ou de la construction, pour formuler leur opposition ; *passé ce délai, elle ne
sera plus recevable.* »

Ainsi donc, l'économie générale de la loi, sa préoccupation
constante en établissant la propriété sur le titre, est de supprimer complètement toutes les causes d'éviction occultes ;
tous les droits réels qui ne sont pas inscrits à la conservation
foncière ne peuvent être opposés aux tiers. Puis voici que
dans un cas spécial, celui de la servitude de vue, le législateur paraît avoir oublié le but qu'il s'était proposé d'atteindre
en édifiant la loi, il fait revivre la prescription, et une prescription excessivement courte, de six mois, pour acquérir
une servitude que même une possession immémoriale ne
peut établir en droit musulman d'après le rite malékite, c'est-
à-dire dans le rite presque universellement suivi dans la
régence (1), et seulement en cas de nécessité absolue, dans

____

(1) Nous avons vu que dans ce rite, le propriétaire peut *toujours* obstruer la vue
que son voisin a sur lui, en construisant devant.

le rite hanéfite, si en bouchant le jour ou la fenêtre l'appartement devenait si obscur qu'on ne puisse plus y écrire. La loi française elle-même est plus rigoureuse que la loi tunisienne, elle exige une possession de 30 ans. Ajoutons encore que la loi ne distinguant pas, le délai de six mois court aussi bien contre les mineurs, les incapables, les absents, les non-présents, que contre les présents (1). Elle exige donc une vigilance de tous les instants, alors que son but était précisément de donner tout repos au propriétaire.

Il semble que, pour atténuer la rigueur de cet article, la jurisprudence eût pu s'inspirer des principes admis en matière de servitude par le droit musulman, et dire que ce que le voisin avait prescrit au bout de six mois, c'était le libre exercice de son droit de propriété, qu'il avait en un mot prescrit à son profit une servitude passive, celle de ne pas laisser de vue en construisant, et non une servitude active sur le fonds du voisin. Celui-ci n'aurait donc pas pu obliger le constructeur à boucher ses ouvertures au bout de six mois, mais il aurait toujours pu les obstruer lui-même en construisant sur son propre fonds.

Tel n'a pas été l'avis des tribunaux tunisiens qui ont consacré en cette matière l'interprétation donnée au Code civil par la jurisprudence française, admettant que c'est une véritable servitude que le voisin acquiert sur l'immeuble contigu.

Ils se sont efforcés néanmoins de restreindre autant que possible la portée de cet article. La jurisprudence a rejeté une opinion d'après laquelle la prescription de six mois s'appliquerait même aux fenêtres ouvertes avant l'immatriculation. Le texte ne distinguant pas entre celles-ci et celles qui

(1) V. Riban, *La Tunisie agricole*, p. 202 et s.

l'ont été depuis, d'après cette opinion le délai commencerait à courir du jour de l'immatriculation.

Il a été jugé au contraire que l'article 187, exorbitant soit à cause de la brièveté du délai qu'il établit, soit parce qu'il est contraire au principe général posé par la loi du 15 mars 1892 (1), doit recevoir l'interprétation restrictive. Or il est remarquable que cet article de même que les précédents, ne parle que de « *l'ouverture* » d'une fenêtre ; il n'envisage pas le cas où une fenêtre existe déjà au moment de l'application de la loi, c'est-à-dire au moment de l'immatriculation, il ne s'applique donc qu'aux fenêtres *ouvertes depuis l'immatriculation*. Quant aux autres, ou bien il y avait prescription avant l'immatriculation (rite hanéfite), et alors la servitude a dû être inscrite sur le titre, ou bien le temps requis pour prescrire n'était pas accompli, et alors la prescription arabe ne pouvant plus s'exercer, puisque l'immeuble est passé sous le régime de la loi française, et la prescription française, d'après la jurisprudence, ne pouvant non plus se produire, puisque les fenêtres existaient au moment de l'immatriculation (arg. des mots « *ne peut... pratiquer* », de l'article 184, « *ne peut être ouverte* », « *à ouvrir* » de l'article 185, « *ouverture* » de l'article 187) la prescription ne sera jamais possible.

Quoi qu'il en soit, la disposition de l'article 187, 2e alinéa, n'en constitue pas moins une anomalie dans la loi foncière (2).

____

(1) Trib. de Tunis, 29 mars 1895, *Journ. des Trib. franç.*, 1895, p. 565. *Rev. alg.*, 1896. 2. 52. « En l'état de la législation actuelle, dit le jugement, le propriétaire d'un fonds immatriculé peut à toute époque obliger son voisin à fermer des fenêtres qui, bien qu'antérieures à l'immatriculation, ne sont pas à la distance réglementaire, si le voisin n'a pas acquis avant l'immatriculation un droit de servitude au sujet de ces fenêtres et s'il n'a pas eu soin de faire inscrire son droit sur le nouveau titre de propriété délivré à l'immatriculant. »

(2) Il parait qu'elle résulterait d'une erreur de rédaction qui a fait porter sur plusieurs servitudes un délai de prescription applicable seulement dans la pen-

Il est regrettable que la loi du 15 mars 1892, qui a supprimé la prescription et corrigé tous les articles qui s'y référaient ait laissé subsister celui-là.

Les propriétaires d'immeubles immatriculés n'ont pas cessé de protester contre son application, et dans une séance du 14 novembre 1896, la conférence consultative a émis le vœu que le délai de six mois de l'article 187 fût supprimé. La prescription trentenaire édictée par le Code civil deviendrait applicable (1).

Peut-être serait-il plus simple encore d'abroger purement et simplement l'article 187, au lieu de laisser subsister un cas de prescription dans une loi qui a supprimé tous les autres.

Dans la même séance, la Conférence consultative a émis un vœu concernant l'article 185. Cet article ne distingue pas entre les vues droites et les vues obliques à ouvrir sur le fonds du voisin, elles doivent toutes être faites à une distance de trois mètres de ce fonds. Il serait désirable que cette distance de trois mètres ne fût maintenue que pour les vues

sée des auteurs de la loi aux vues donnant dans l'intérieur de l'habitation du voisin.

La raison même de l'introduction de ce court délai dans la loi foncière est assez curieuse à signaler.

Il paraîtrait que « en ce qui concerne les ouvertures donnant vue *dans l'intérieur de l'habitation du voisin*, cette définition assez vague a été introduite pour ménager les susceptibilités des indigènes musulmans. Le législateur de 1885 craignait en effet que l'introduction brusque par l'immatriculation des prescriptions du Code civil au milieu d'un quartier indigène, dans une ville éloignée, créât de sérieuses difficultés. Il avait voulu en même temps, pour le cas où ces difficultés ne se produiraient pas, donner aux propriétaires immatriculés tous les avantages du Code civil. C'est pourquoi avait été imaginé le délai de six mois ».

Ces explications sont consignées dans le *Journ. off. tunis.* du 19 déc. 1896, p. 682, annexe VII.

(1) *Journ. off. tunis.* du 5 déc. 1896, p. 630.

droites, celle de un mètre paraissant suffisante pour les vues obliques.

C. *Servitudes établies par le fait de l'homme.* — Les servitudes résultant de conventions entre les propriétaires ne s'établissent que par titre (1). Elles doivent être inscrites.

Elles ne s'éteignent qu'en vertu d'un jugement prononçant leur radiation lorsque l'immeuble se trouve dans un état tel qu'on ne puisse user de la servitude, et que le non-usage a duré pendant 20 ans (2). Le non-usage seul est impuissant à éteindre la servitude, eût-il duré plus de 20 ans (3), il faut en outre un jugement. La loi a été ici conséquente avec elle-même ; en supprimant la prescription d'une manière générale, elle ne pouvait la laisser revivre dans ce cas particulier. Pour le point de départ des 20 ans, on calcule comme pour celui des 30 ans du Code civil (4).

D. *Loi applicable aux servitudes* (5). — Il y a lieu de distinguer trois cas : 1º ni le fonds servant, ni le fonds dominant ne sont immatriculés ; 2ᵉ tous les deux sont immatriculés ; 3ᵉ l'un est immatriculé, l'autre ne l'est pas.

Premier cas. — On applique la loi musulmane. Le choix du rite appartient au défendeur, et s'il ne manifeste pas son intention à cet égard, on lui applique le plus favorable (6).

Deuxième cas. — La loi foncière est seule applicable (7).

(1) Art. 197. La loi de 1885 avait admis en outre l'établissement par la possession de 20 ans et par la destination du père de famille. Anciens art. 197, 198, 199, 200, 201. Cpr. art. 690, 691, 692, 693, 695 du Code civil.

(2) Art. 209.

(3) *Contrà* texte de 1885 art. 212 abrogé par la loi de 1892.

(4) Cpr. art. 213 de la loi et 707 du Code civil.

(5) Cette question est distincte de celle de la compétence, que nous traiterons plus loin en étudiant la compétence des tribunaux français en matière immobilière.

(6) Trib. de Tunis, 28 février 1894, *Journ. des trib. franç.*, 1894, p. 194.

(7) Art. 1 et 18 (V. trib. de Tunis, 21 nov. 1889, *Journ. des trib. franc.*, 1894, p. 185 ; Trib. de Tunis, 28 février 1894, *Journ. des trib. franç.*, 1894, p. 194.

Un jugement du tribunal mixte du 17 janvier 1893 (1) a décidé que l'immatriculation ne saurait porter atteinte aux droits des parties. En conséquence si une servitude constituée d'après le droit musulman doit se trouver aggravée par le passage de l'immeuble sous la loi nouvelle, même après l'immatriculation, elle continuera à être exercée dans les conditions du droit musulman. Cette décision n'est pas en contradiction avec la loi foncière qui décide simplement que le droit ne sera opposable aux tiers qu'après son inscription sur le titre, mais qui ne tranche pas la question de savoir par quelle loi son étendue sera déterminée (2).

Troisième cas. — Quand l'un seulement des deux immeubles intéressés à la servitude est immatriculé, il a été jugé que la législation à appliquer était celle du fonds servant (3).

§ 6. — De l'antichrèse.

« L'antichrèse est la remise d'un immeuble par le débiteur à son créancier pour sûreté de sa dette (4). » Elle n'offre rien de particulièrement intéressant dans la loi foncière, et les articles 218 à 227 ne sont que la reproduction des articles 2077, 2080 et 2083 du Code civil sur le gage, et 2085 à 2091 sur l'antichrèse.

§ 7. — Des privilèges.

La loi tunisienne contient en ce qui concerne la réglemen-

(1) *Journ. des trib. franç.*, 1893, p. 93.
(2) Voir dans le *Journ. des trib. franç. en Tunisie*, 1894, p. 282 et suiv., une étude de M. Berge, vice-président du trib. de Tunis qui critique ce jugement.
(3) Trib. de Tunis, 29 mars 1895, *Journ. des trib. franç.*, 1895, p. 565. *Rev. alg.*, 1896.2.52.
(4) Art. 217. Cpr. art. 2071, C. civ.

tation des privilèges et des hypothèques des innovations de la plus haute importance.

Admettre en effet les privilèges et les hypothèques occultes tels que les comprend la loi française, eût été pour la loi nouvelle incompatible avec le système de publicité absolue qu'elle se proposait de créer. Une grande partie des complications de notre régime foncier vient de cette organisation, il fallait donc la changer ; c'est ce qui a fait l'objet des articles 228 à 230 pour les privilèges, et 231 à 286 pour les hypothèques. La loi tunisienne n'a pas osé supprimer complètement les premiers, cela eût peut-être été plus simple, en les remplaçant par des hypothèques, comme elle a fait pour le privilège du vendeur.

La définition de l'article 2095 du Code civil se retrouve dans l'article 228 de la loi tunisienne : « Le privilège, dit cet article, est un droit réel immobilier que la qualité de la créance donne à un créancier d'être préféré aux autres créanciers, même hypothécaires. »

La loi de 1885 déclarait privilégiées les créances visées par l'article 2101 du Code civil en y ajoutant les créances du Trésor visées par la loi du 5 septembre 1807 et la rente de l'enzel. Ces privilèges, sauf le dernier, étaient dispensés d'inscription. Garantissant ordinairement des créances modiques, les formalités d'inscription eussent été trop coûteuses proportionnellement aux créances garanties. Ce n'en était pas moins porter une grave atteinte à la règle de publicité. Aussi le législateur de 1892 a-t-il été plus radical que son devancier. Les seules créances privilégiées sont désormais :

1° Les frais de justice ;

2° Les droits du Trésor ;

3° Les arrérages dus au crédi-rentier de l'enzel.

Ils s'exercent dans l'ordre ci-dessus établi (1), et ne sont
pas assujettis à l'inscription, sauf le dernier (2) ; cette inscription, dispensée de renouvellement, a la même durée que
le privilège.

Si les privilèges garantissant les frais de justice et les
droits du Trésor sont dispensés d'inscription, c'est que, par
leur nature même, ils peuvent être facilement connus du
public, et leur omission sur le titre ne constitue pas une dé-
rogation aussi grave à la règle de publicité absolue, que
celle des frais funéraires, des gens de service, etc., variables
indéfiniment, et sur le montant desquels il est difficile de se
renseigner exactement.

Il nous reste à signaler une dernière ressemblance avec
les privilèges de l'article 2101 du Code civil: ceux qui garantissent les créances qui résultent des frais de justice et
des droits du Trésor portent à la fois sur les meubles et sur
les immeubles ; ils ne s'exercent sur les immeubles qu'à défaut de mobilier. Seul le privilège du crédi-enzéliste s'exerce
directement sur l'immeuble, ce qui se comprend étant donnée la nature du droit d'enzel.

§ 8. — Des hypothèques.

La loi tunisienne a franchement rompu ici avec les principes du Code civil en abolissant complètement les hypothèques occultes.

Toutes les hypothèques, c'est là un principe absolument

____

(1) Art. 229.

(2) Cette inscription est prise d'office par le conservateur au moment de l'immatriculation, si l'enzel existe à ce moment, et s'il n'est constitué que plus tard,
au moment du dépôt de l'acte constitutif d'enzel, ou à la requête du crédi-
enzéliste (art. 358).

général, qu'elles soient forcées ou volontaires, doivent être spécialisées au double point de vue du montant de la créance garantie et de la désignation de l'immeuble hypothéqué. Elles ne s'acquièrent que par l'inscription prise sur le titre de propriété. Cette inscription, a la même durée que l'hypothèque, et n'a pas besoin d'être renouvelée comme en France tous les dix ans (1).

Si l'hypothèque est établie pour sûreté d'une créance productive d'intérêts, l'inscription conserve également ces intérêts, mais pour une année seulement et l'année courante ; encore faut-il pour cela que le droit aux intérêts résulte de l'acte constitutif d'hypothèque, qu'il soit inscrit et que le taux de l'intérêt soit indiqué dans l'acte et dans l'inscription (2). Les tiers sont ainsi suffisamment renseignés par le simple examen du titre de propriété, la règle de publicité est rigoureusement observée.

La loi reconnaît deux sortes d'hypothèques : les hypothèques forcées et les hypothèques volontaires. Forcées ou volontaires, elles ne peuvent être établies que sur :

1° La propriété immobilière qui est dans le commerce ;

2° L'usufruit des immeubles pour le temps de sa durée ;

3° L'enzel ;

4° L'emphytéose pour le temps de sa durée ;

5° La superficie (3).

(1) Sous l'empire de la loi de 1885, à l'exemple de ce qui se passe sous celui de la loi française, les inscriptions, pour être valables devaient être prises avant l'arrivée de certains événements qui venaient en arrêter le cours : la faillite du débiteur et sa mort suivie de l'acceptation sous bénéfice d'inventaire de sa succession (Cpr. art. 2146, C. civ., 235 et 236 de la loi foncière). Le texte de 1892 a abrogé ces dispositions, contraires au principe de la force probante attachée aux inscriptions.

(2) Cpr. art. 237 de la loi, et art. 2151. C.civ., ancienne rédaction et rédaction modifiée par la loi du 17 juin 1893.

(3) Art. 233. La loi de 1885 déclarait la rente de l'enzel également susceptible d'hypothèque,

A. *Des hypothèques forcées*. — La suppression des hypothèques légales risquait de laisser sans protection les intérêts des incapables ; aussi, pour les sauvegarder, la loi a-t-elle créé les hypothèques forcées (1). Elles sont ainsi appelées parce que si le débiteur ne les constitue pas de bonne grâce, une décision de justice peut l'y contraindre ; mais, à la différence des hypothèques légales du Code civil, elles n'existent jamais de plein droit.

A l'ouverture de la tutelle, ou au moment du contrat de mariage, le conseil de famille ou la femme fixe contradictoirement avec le tuteur ou le mari le montant de l'hypothèque et son assiette. En cas de désaccord, le tribunal statue. Si la femme n'a pas stipulé l'hypothèque conventionnelle lors du contrat, elle peut en exiger une au cours du mariage, et si le mari refuse, l'obtenir du tribunal (2).

Les garanties peuvent devenir insuffisantes ou excessives au cours de la tutelle ou du mariage. Dans le premier cas, les parties peuvent les augmenter d'un commun accord, sinon elles s'adresseront au tribunal ; dans le second cas, il faut distinguer suivant qu'il s'agit de l'hypothèque de la femme ou de celle des autres incapables. Pour diminuer cette dernière, le conseil de famille a pleine autorité, le tribunal statue seulement en cas de désaccord entre le tuteur et lui. Le mari, au contraire, doit toujours s'adresser au tribunal, la loi se méfiant de l'ascendant qu'il exerce généralement sur sa femme, la pression du tuteur sur le conseil de famille est moins à craindre.

Les personnes qui peuvent requérir l'inscription de ces

(1) Cette partie de la loi tunisienne a été empruntée à la loi belge de 1851 (V. Besson, *op. cit.*, p. 196 et s.).

(2) Il en serait de même pour le mineur si au moment de l'ouverture de la tutelle, le conseil de famille avait négligé de réclamer une hypothèque du tuteur,

diverses hypothèques, sont indiquées par les articles 360 et 361.

Le mari ou le tuteur peuvent être dispensés par une décision de justice de l'hypothèque forcée en constituant un gage mobilier on une caution suffisante (1).

Cette hypothèque est encore accordée « au vendeur, à l'échangiste ou au copartageant sur l'immeuble vendu, échangé ou partagé, quand il n'a pas été réservé d'hypothèque conventionnelle pour le paiement du prix ou de la soulte d'échange ou de partage » (2). L'hypothèque du vendeur remplace le privilège qui lui est accordé par le Code civil. Il peut en outre stipuler qu'il conservera l'action en résolution de la vente en cas de transmission nouvelle avant paiement du prix, et si cette stipulation n'a pas été faite, le tribunal peut la lui accorder (3). La clause de conservation de l'action résolutoire doit toujours être inscrite.

Dans tous les cas où il y a lieu à hypothèque forcée, « le président du tribunal pourra, en cas d'urgence, accorder toutes inscriptions conservatoires, lesquelles n'auront d'effet que jusqu'au jugement définitif. Si le jugement définitif maintient tout ou partie de l'inscription, ce qui aura été conservé prendra rang à la date de l'inscription prise conservatoirement » (4).

En supprimant toutes les hypothèques générales, la loi ne pouvait laisser subsister l'hypothèque judiciaire telle qu'elle est organisée en France. Elle eût pu se contenter de la spécialiser, mais s'inspirant sans doute des nombreuses cri-

---

(1) V. art. 245.

(2) Art. 239. L'hypothèque forcée en faveur de l'échangiste et du copartageant a été ajoutée par la loi de 1892.

(3) Art. 246, 247.

(4) Art. 249.

tiques qu'elle a suscitées dans la doctrine (1), elle l'a abolie totalement, suivant l'exemple de la Belgique et des Etats allemands.

B. *Des hypothèques volontaires.* — Les articles 250 et 252 reproduisent à peu près textuellement les dispositions du Code civil en ce qui concerne la capacité requise pour la constitution d'hypothèque et les effets de l'hypothèque constituée par un propriétaire sous condition suspensive ou résolutoire. Dans ce dernier cas, si un pareil propriétaire a constitué hypothèque pleine et entière en faveur d'un tiers de bonne foi qui l'a fait inscrire régulièrement, l'hypothèque subsistera alors même qu'à l'arrivée de la condition le droit du constituant serait anéanti. La force probante accordée à l'inscription requise de bonne foi a obligé le législateur de décider ainsi. C'est ce que dit la loi dans l'article 252, 2ᵉ alinéa et dans l'article 16. Le propriétaire n'aura qu'une action personnelle en dommages contre le constituant.

L'article 251 déroge d'une manière très heureuse à la disposition de l'acticle 2128 du Code civil. Il déclare que l'hypothèque sur des immeubles tunisiens peut résulter de contrats passés en pays étrangers à la condition qu'ils soient constatés par écrit et que les conditions prescrites par la loi tunisienne soient remplies. Celle-ci a donc conformément aux véritables principes, reconnu aux actes juridiques formés en pays étrangers la force de constituer hypothèque, que le Code civil leur refusait.

L'article 253 reproduit l'article 2126 du Code civil, à part la disposition relative à l'hypothèque judiciaire.

L'hypothèque volontaire est testamentaire ou conventionnelle.

____

(1) Baudry et de Loynes, *op. cit.*, t. II, p. 342 et s.

L'hypothèque testamentaire, que la loi française ne connaît pas, a pour objet de garantir les legs contenus dans un testament. Le testateur qui veut établir cette hypothèque doit la spécialiser (1). Le conservateur opérera son inscription « sur le dépôt du testament ou de la copie authentique, à la requête du légataire » (2). Elle remplace l'hypothèque légale de l'article 1017 du Code civil.

L'hypothèque conventionnelle résulte de la convention des parties. Si la créance garantie est conditionnelle, cette qualité devra être indiquée dans l'inscription et l'hypothèque sera soumise à la condition (3). Bien que l'article 255 ne reproduise pas la partie finale de l'article 2129 du Code civil relative à l'hypothèque des biens à venir, il est certain que celle-ci est prohibée par la loi foncière, puisque l'article ne désigne comme susceptibles d'hypothèque que les biens *actuellement appartenant au débiteur*, et que les dispositions de l'article 2130 du Code civil dérogeant à la règle ne sont pas reproduites.

Des dégradations survenues postérieurement à la constitution d'hypothèque peuvent diminuer ou faire disparaître totalement le gage du créancier. Deux hypothèses sont alors à prévoir : 1° la perte ou les dégradations sont de la faute du débiteur, et alors le créancier a le droit d'exiger le remboursement de sa créance ; 2° il n'y a eu aucune faute de la part du débiteur, et alors bien que le créancier puisse toujours réclamer le remboursement de sa créance, le débiteur de son côté a la faculté s'il le préfère de se borner à lui offrir un supplément d'hypothèque. En un mot, dans ce cas, le choix

(1) Art. 254.

(2) Art. 361.

(3) Art. 257. La rédaction de cet article est beaucoup plus simple que celle de l'article 2132 du Code civil et bien préférable (Cpr. Baudry-Lacantinerie, *op.cit.*, III, n° 1311).

appartient au débiteur. La même solution s'impose d'après le Code civil, mais elle ne résulte que de la comparaison des articles 1188 et 2131, et des arguments fournis par les articles 1190 et 1247.

L'hypothèque consentie pour sûreté d'un crédit ouvert est valable (1) ; en conséquence elle doit être inscrite, et prend rang à la date de son inscription, sans avoir égard aux époques où les avances auront été faites. En décidant ainsi, le législateur tunisien s'est borné à mettre en article de loi les décisions de la jurisprudence française (2).

Aucune condition de forme n'est requise pour la validité du contrat hypothécaire. Ce n'est pas un contrat solennel comme en droit français, il peut être passé aussi bien par acte sous seings privés que par devant notaires. Mais l'opposabilité de l'hypothèque aux tiers reste soumise à son inscription.

C. *Du rang des hypothèques, de leur effet et de leur extinction.* — L'ordre de préférence de l'hypothèque est déterminé par la date de l'inscription qui la rend opposable aux tiers (3). Les créanciers inscrits le même jour viennent en concurrence (4).

L'effet des hypothèques contre les tiers détenteurs est réglé par les articles 261 à 272, reproduisant à peu près littéralement les articles 2166-2169 et 2172-2179 du Code civil.

Notons toutefois que pour le délaissement par hypothèque, le greffier doit en prévenir immédiatement le conservateur,

---

(1) Art. 258.

(2) Cpr. Baudry-Lacantinerie, *op. cit.*, III, n° 1280.

(3) Art. 259.

(4) Le législateur tunisien a mis ici l'article 260 à sa place en traitant du rang des hypothèques, au lieu que l'article 2147 du Code civil dont il est la reproduction s'est égaré dans le chapitre « du mode de l'inscription des privilèges et hypothèques », où il est tout à fait étranger.

pour que mention en soit faite sur le titre de propriété (1). Autrement l'immeuble délaissé, continuant à figurer dans le patrimoine du détenteur jusqu'à l'adjudication, les tiers eussent pu traiter avec celui-ci, en considération de l'immeuble et se voir évincer ensuite (2).

Les causes d'extinction des hypothèques sont les mêmes que celles du Code civil, excepté la prescription qui a été supprimée par la loi du 15 mars 1892 (3).

D. *Du mode de purger les immeubles des hypothèques.* — Comme en droit français, pour pouvoir purger, il faut être acquéreur de l'immeuble hypothéqué, la loi parle constamment du « nouveau propriétaire » ; peu importe au reste à quel titre il l'est devenu, la purge peut aussi bien être opérée par le donataire que par l'acquéreur à titre onéreux ; mais il faut que le nouveau propriétaire ne soit pas obligé personnellement au paiement de la dette hypothécaire, car la purge constitue un paiement forcé et anticipé pour les créanciers, auquel leurs débiteurs personnels n'ont pas le droit de les contraindre (4).

Le Code civil, dispensant d'inscription toute une catégorie d'hypothèques, a dû organiser pour elles un mode de purge distinct de celui des hypothèques inscrites, la loi tunisienne qui ne reconnaît que ces dernières n'a eu à organiser qu'une seule purge, inspirée des principes du Code civil.

La première formalité à remplir par l'acquéreur qui veut

(1) Art. 267.

(2) L'article 270 reproduit à peu près textuellement les dispositions de l'article 2177, alinéa 1 du Code civil sur le délaissement, mais il ajoute que « dans le cas où l'inscription aurait été radiée à la suite de la confusion, une nouvelle inscription serait nécessaire pour faire revivre le droit » ; l'intéressé peut la requérir. C'est une conséquence toute naturelle de la loi.

(3) Cpr. art. 273 de la loi et 2180 du Code civil.

(4) Cpr. Baudry-Lacantinerie, *op. cit.*, III, nᵒˢ 1514 et s.

purger est de faire inscrire son droit de propriété sur le titre (1) afin d'arrêter le cours des inscriptions. Puis il fait part aux créanciers hypothécaires inscrits de son intention à l'aide de notifications individuelles faites au domicile élu par eux. Les mentions contenues dans ces notifications sont à peu près celles exigées par les articles 2183 et 2184 du Code civil (2).

Dans le système du Code, l'acquéreur doit être prêt à acquitter toutes les dettes, exigibles ou non. La loi foncière distingue deux cas : 1° les créances non échues viennent entièrement en ordre utile, l'acquéreur jouira des délais accordés au débiteur ; 2° les créances non échues ne viennent que pour partie en ordre utile, elles sont immédiatement exigibles, pour le tout contre le débiteur, et jusqu'à concurrence du prix contre l'acquéreur (3).

Dans le silence de la loi, qui, pas plus que le Code, n'a prononcé la nullité comme sanction des irrégularités contenues dans la notification, le juge jouit d'un pouvoir discrétionnaire d'appréciation en ce qui concerne la validité de cette dernière (4).

Le nouveau propriétaire jouit d'un certain délai pour remplir les formalités de la purge. Si les créanciers ne le poursuivent pas, ce délai est d'un an à compter de l'inscription de son droit de propriété (5) ; la loi tunisienne a innové ici ; les créanciers qui ne veulent ou ne peuvent poursuivre ne seront pas longtemps dans l'incertitude sur les intentions de l'acquéreur ; si les créanciers poursuivent, celui-ci n'aura plus qu'un mois à compter de la première sommation, pour

(1) Art. 276.
(2) Art. 276 à 278.
(3) Art. 278, al. 2 et 3.
(4) Cpr. Baudry-Lacantinerie, *op. cit.*, III, n° 1528.
(5) Art. 277.

faire parvenir les notifications, comme dans le système du Code civil.

L'article 279 prévoit une hypothèse particulière relative au vendeur qui aurait conservé l'action résolutoire des articles 246 et 247 tout en ayant pris une inscription hypothécaire. Il devra opter pour un de ces deux droits, et si 40 jours après avoir reçu la notification à fin de purge, il n'a pas encore manifesté son intention, le droit de résolution est perdu, il ne garde plus que son hypothèque. Si dans le délai, il se prononce pour la résolution, il va, « à peine de déchéance, le déclarer au greffe du tribunal devant lequel l'ordre doit être poursuivi. Le greffier doit en prévenir immédiatement le conservateur qui en fera mention sur le titre de propriété » (1), pour sauvegarder l'intérêt des tiers. La demande en résolution est déposée dans un délai de 10 jours après cette déclaration.

Comme en droit français, les créanciers qui ont reçu la notification ont le choix ou d'accepter les offres ou de requérir la mise aux enchères. L'acceptation peut se manifester expressément ou tacitement ; elle peut aussi être forcée si la réquisition de surenchère n'est pas faite selon les formes prescrites par l'article 280 (2). En ce cas, « la valeur de l'immeuble reste définitivement fixée au prix stipulé dans le contrat, ou déclaré par le nouveau propriétaire » (3).

Si ce prix est suffisant pour désintéresser tous les créanciers, les inscriptions qu'ils ont prises sur le titre subsisteront jusqu'au jour du paiement, mais si le prix est insuffisant, les inscriptions qui viennent en ordre utile, seules subsisteront, les autres seront rayées. Celles qui ne viennent

(1) Art. 279, 2ᵉ alinéa.
(2) Cpr. art. 2185 C. civ., *in fine*.
(3) Art. 281.

que pour partie en ordre utile seront rayées pour la partie qui l'excédera. Pour se libérer des hypothèques sauvegardées par les inscriptions qui viennent en ordre utile, le nouveau propriétaire a, comme en droit français, le choix de payer les créanciers inscrits ou de consigner son prix (1).

Si au contraire un ou plusieurs créanciers trouvent les offres du nouveau propriétaire insuffisantes, ils peuvent requérir la mise aux enchères de l'immeuble hypothéqué, en remplissant les formalités énumérées par l'article 280, qui sont, comme en droit français, au nombre de cinq (2).

1° La réquisition de surenchère doit être signifiée « au nouveau propriétaire dans les quarante jours au plus tard de la notification faite à la requête de ce dernier, en y ajoutant deux jours par cinq myriamètres de distance entre le domicile élu et le domicile réel du créancier le plus éloigné du tribunal qui doit connaître de l'ordre » (3).

2° Cette réquisition « contiendra soumission du requérant ou d'une personne présentée par lui, de porter le prix à un dixième en sus de celui stipulé dans le contrat ou déclaré par le nouveau propriétaire. Cette enchère portera sur le prix principal et les charges, sans aucune déduction, mais non sur les frais du premier contrat ». La surenchère ne peut avoir lieu que si le prix n'est pas suffisant pour désintéresser les créanciers, or il s'agit bien évidemment du prix net,

---

(1) Art. 281, al. 2 et 3.

(2) Cpr. art. 2185, C. civ.

(3) Le délai et l'augmentation sont les mêmes que ceux du Code civil. En France, celle-ci a été réduite à un jour par la loi du 3 mai 1862 (cpr. art. 1033, C. civ.). D'après le Code civil, la distance pour l'augmentation du délai se compte entre le domicile élu et le domicile réel *de chaque créancier requérant*, d'après la loi tunisienne, elle se compte entre le domicile élu et le domicile réel *du créancier le plus éloigné du tribunal qui doit connaître de l'ordre*. Cette solution, plus simple, donne à tous les créanciers le délai le plus long.

c'est-à-dire du prix et des charges, défalcation faite des frais, et non du prix brut.

3° La même signification doit être faite, « dans le même délai au précédent propriétaire et au débiteur principal », qui ont intérêt à connaître la menace d'éviction suspendue sur la tête de l'acquéreur (1).

4° « L'original et les copies de ces exploits seront signés par le créancier requérant ou par son fondé de procuration expresse, lequel, en ce cas, est tenu de donner copie de sa procuration (2). Ils devront aussi être signés, le cas échéant, par le tiers enchérisseur. »

5° Le requérant doit offrir « de donner caution personnelle ou hypothécaire jusqu'à concurrence du prix et des charges ». A noter les mots « *ou hypothécaire* » ajoutés par la loi au texte du Code civil.

Toutes ces formalités sont requises à peine de nullité, comme dans le système du Code, et la forme suivie pour la revente est celle indiquée par les articles 836, 837 et 838 du Code de procédure civile. Les autres dispositions de la loi reproduisent à peu près textuellement celles du Code civil.

SECTION V

DE L'INSCRIPTION DES DROITS RÉELS IMMOBILIERS.

§ 1.— Fondement de l'inscription.— Oppositions conservatoires.

Sous peine d'avoir fait œuvre inutile en organisant l'immatriculation, la loi nous l'avons vu, devait veiller à tenir

---

(1) A l'imitation de la loi belge de 1852, la loi tunisienne a amélioré sur ce point la rédaction du Code civil (V. art. 2185 C. C.).

(2) La rédaction du Code civil s'arrête là.

constamment le titre de propriété au courant des changements survenus dans la consistance juridique de l'immeuble. Elle y est arrivée à l'exemple de l'*Act Torrens*, en ordonnant que tous les droits réels soient inscrits sur le titre.

A la différence de la loi du 23 mars 1855 qui n'ordonne la transcription que d'un nombre limité d'actes intéressant la propriété, la loi tunisienne est absolument générale. « Tous faits ou conventions, dit l'article 343, ayant pour effet de transmettre, déclarer, modifier ou éteindre un droit réel immobilier, d'en changer le titulaire ou de modifier toute autre condition de son inscription.... seront, pour être opposables aux tiers, constatés par écrits et inscrits sur le titre par le conservateur de la propriété foncière. » De plus, comme sans atteindre le droit de propriété, une location peut en restreindre considérablement l'exercice, la loi ordonne également l'inscription de « tous baux d'immeubles excédant une année, de toute quittance ou cession d'une somme équivalente à plus d'une année de loyers ou de fermages non échus, ou à plus d'une année d'arrérages non échus de la rente de l'enzel » (1). L'article 343 étant général, embrasse les mutations par succession *ab intestat* ou testamentaires comme les mutations entre vifs.

Le principe de publicité commandait en outre de faire connaître aux tiers les actions tendant à faire prononcer l'annulation ou la modification des droits réels immobiliers.

Dans ce but la loi organise un système d'inscriptions sur le titre dites « oppositions conservatoires », calquées sur la

____

(1) Peu importe qu'il s'agisse de baux consentis antérieurement à l'immatriculation ou postérieurement (Trib. de Tunis, 12 novembre 1894, *Rev. alg.*, 1895.2.22). Nous savons que la loi du 23 mars 1855 requiert également l'inscription des baux qui excèdent 18 ans, et des quittances de 3 années de fermages ou loyers non échus (art. 2).

prénotation allemande. « Toute demande tendant à faire prononcer l'annulation ou la modification de droits réels immobiliers, dit en effet l'article 53, pourra être mentionnée sommairement sur le titre avant d'être portée devant le tribunal. »

Nous avons vu plus haut quel effet avait cette mention tant au point de vue du droit de l'opposant qu'elle sauvegarde, qu'à celui du propriétaire qu'elle ne gêne nullement, et à celui des tiers qu'elle avertit.

Cependant, pour ne pas surcharger inutilement le titre d'oppositions sans fondement, les requérants devront solliciter l'autorisation du président du tribunal (1), qui, si l'opposition lui semble fondée, délivrera un permis d'inscription (2).

Le tribunal statue sur la validité des oppositions conservatoires ; si son jugement est affirmatif, toutes les inscriptions prises après la mention de l'opposition sur le titre sont annulées, dans le cas contraire, l'opposition est anéantie et les inscriptions prises postérieurement subsistent (3).

Les effets du jugement remontent donc au jour de la mention de l'opposition faite sur le titre. « Si la demande n'a pas été inscrite, le jugement n'aura d'effet, vis-à-vis des tiers, qu'à dater du jour de son inscription », dit l'article 54, à peine était-il utile de le dire (4). Le mécanisme des oppositions

---

(1) Sous l'empire des lois du 1ᵉʳ juillet 1885 et du 16 mai 1886, toute demande prévue par l'article 53 devait être inscrite sur le titre. Il en résultait un encombrement de celui-ci ; pour éviter cet inconvénient, la loi du 16 mai 1886 avait ordonné que l'inscription totale de l'opposition serait remplacée par une mention sommaire ; c'était insuffisant. La loi du 15 mars 1892 a apporté le vrai remède.

(2) Art. 53.

(3) Art. 53.

(4) Cpr. en effet, art. 342.

conservatoires n'entrave en rien l'exercice du droit de propriété et empêche les parties de souffrir des lenteurs de la justice.

L'article 55 permet de signifier les commandements à fin de saisie immobilière au conservateur qui les inscrit sur le titre ; cette inscription produit les mêmes effets qu'une mention d'opposition ordinaire.

§ 2. — De la réquisition d'inscription de droits réels et des obligations du requérant.

Toute personne intéressée, d'après l'article 357, à condition de produire les pièces dont le dépôt est prescrit par la loi peut requérir l'inscription d'un droit réel immobilier, ou la radiation, la réduction ou la rectification de l'inscription déjà prise (1).

L'inscription n'étant pas nécessaire pour le transfert du droit entre les parties, rien n'empêcho cellos oi do no pas la requérir, soit par négligence, soit pour éviter des frais. Pour que la règle de publicité fût bien observée, il eût fallu semble-t-il attacher une sanction à l'inaccomplissement de cette formalité, une amende par exemple, pour les parties contrevenantes dans un certain délai. Au lieu de cela, la loi se borne à dire que : « Toutefois pour être inscrit, ce droit devra être tenu directement du titulaire de l'inscription précédemment prise. En conséquence, dans le cas où un droit réel immobilier aura fait l'objet de plusieurs mutations ou conventions successives, la dernière mutation ou convention ne pourra être inscrite avant les précédentes. » Pour se confor-

____

(1) La loi du 1er juillet 1885 et celle du 16 mai 1886 reconnaissaient la même faculté à un tiers muni de pouvoirs réguliers. Cette rédaction a disparu de la loi actuelle.

mer à cet article, il faudra donc que toutes les mutations précédentes, et elles peuvent être nombreuses, soient inscrites, leur inscription nécessitera le dépôt des pièces relatives à chacune d'elles énumérées par l'article 343, et la réunion n'en sera pas toujours facile (1).

Les articles 358 à 361 envisagent des hypothèses particulières, que nous avons déjà examinées en étudiant le privilège du crédi-enzéliste, les hypothèques des mineurs, interdits et femmes mariées et l'hypothèque testamentaire.

L'article 358 de la loi de 1885 a été complété en ce qui concerne l'inscription d'un jugement d'adjudication; au moment où celle-ci est requise, le conservateur doit « prendre d'office, au profit du débiteur saisi, du colicitant, ou de leurs ayants droit, une hypothèque pour sûreté du paiement du prix de l'adjudication, dont le paiement préalable ne lui serait pas justifié ».

L'article 362 ne fait que rappeler une prescription déjà contenue dans l'article 357, à savoir que pour chaque droit réel dont l'inscription (ou radiation, réduction, etc. d'inscription) est requise, le dépôt à la conservation de la propriété foncière des pièces énumérées par l'article 343 est nécessaire.

(1) Art. 357. A ces critiques on peut encore ajouter que sous l'empire de la loi de 1886, le conservateur devait avant de procéder à l'inscription, s'assurer que le paiement des droits relatifs aux mutations antérieures avait été effectué, or les mutations par acte sous seings privés étant fréquentes, il en résultait souvent des frais énormes à payer, bien faits pour entraver la faveur de la loi d'immatriculation auprès du public. En 1888, le gouvernement décida que les droits afférents à la dernière mutation seraient seuls réclamés, puis enfin par le décret du 16 mars 1892 enleva au conservateur pour le donner à l'administration des finances le soin de percevoir tout droit de timbre ou de mutation. Enfin, il résulte du décret du 1er novembre 1893, article 7 (*Journ. off. tunis.*, 1893, p. 381) que le conservateur doit avant de procéder à l'immatriculation s'assurer que la dernière mutation a bien acquitté les droits (V. Rapport Massicault, 1892).

L'utilité de cet article se comprenait sous l'empire des lois de 1885 et de 1886, qui exigeaient en outre l'une la production d'un bordereau, l'autre de deux, contenant l'analyse de l'acte à transcrire. L'article 362 actuel ne reproduisant plus ces dispositions fait double emploi avec l'article 357.

Le décès d'une personne n'empêche pas de prendre, sous la désignation du défunt, une inscription sur ses biens (1). Lorsque c'est au contraire le titulaire d'un droit réel qui meurt avant d'avoir requis inscription, celle-ci peut être prise sans attendre la liquidation ou le partage, au nom de la succession, sur la seule production de l'acte de décès, pour sauvegarder les droits des intéressés qui pourraient avoir à souffrir si d'autres inscriptions étaient requises avant la leur pendant les opérations de la liquidation ou du partage. Celui-ci opéré, on n'a plus qu'à modifier, conformément à l'acte de partage, l'inscription déjà prise (2).

Pour l'inscription nominative de droits réels *qui résultent* (3) de l'ouverture d'une succession, il y a lieu de distinguer si la succession est *ab intestat* ou testamentaire. Dans les deux cas, les requérants doivent produire l'acte de décès et « un certificat constatant leur état civil et leurs droits exclusifs à l'hérédité » (4) ; mais si la succession est testamentaire, l'ayant droit déposera en outre « l'acte tes-

---

(1) Cpr. art. 2149, C. civ.

(2) Art. 364.

(3) Art. 366.

(4) La loi de 1885 donnait pouvoir d'établir ces certificats en Tunisie aux agents consulaires pour les européens et protégés, et aux cadis pour les indigènes. La loi nouvelle autorise dans les deux cas les juges de paix à les délivrer concurremment avec les agents consulaires et les cadis ; cette réforme a eu pour but de favoriser l'immatriculation en rendant la production des demandes d'inscription plus facile.

A noter que « les certificats établis hors de la Tunisie seront passés en la forme authentique ».

tamentaire ou une expédition de cet acte, et, s'il y a lieu, le consentement des héritiers ou des légataires universels, ou la décision du tribunal autorisant l'envoi en possession » (1).

« En cas de donation, l'inscription se fera sur le dépôt de l'acte de donation ou d'une expédition (2). »

L'article 367, relatif à la prescription, a été abrogé.

§ 3. — Des obligations du conservateur et des registres de la propriété foncière.

Avant de requérir l'inscription d'un droit réel, les parties ont dû constater son existence par écrit, sans que toutefois aucune condition spéciale soit exigée pour cela (3). Un acte sous seing privé suffit pour conclure tous les contrats, même celui d'hypothèque. Les transactions immobilières en deviennent plus faciles et moins coûteuses, l'intervention d'officiers ministériels n'étant plus nécessaire (4). Cet acte, remis à la conservation foncière, sera ultérieurement inscrit sur le titre de propriété. Le conservateur le garde dans ses archives comme pièce justificative, et si les parties le réclament, elles n'en peuvent exiger qu'une copie.

Celles-ci doivent faire élection de domicile en Tunisie au chef-lieu d'une justice de paix (5) ; si elles négligeaient de le faire, toutes les significations leur seraient valablement adressées au greffe de la justice de paix dans le ressort de laquelle

(1) Art. 366.

(2) Art. 365.

(3) « Constatés par écrits et inscrits sur le titre », dit l'article 343.

(4) Au reste, les notaires arabes, qui seuls existent en Tunisie, ne connaissant le plus souvent que très imparfaitement la langue française, et ignorant la loi nouvelle, n'eussent guère rendu de services.

(5) Rien ne les force à choisir précisément le chef-lieu dans le ressort duquel les immeubles sont situés (*Contrà*, loi du 16 mai 1886).

les immeubles sont situés. Les parties peuvent changer de domicile élu par la suite, mais à condition de rester dans le même chef-lieu où l'élection avait été primitivement faite (1).

Le conservateur s'assure de l'identité et de la capacité des parties ; cette tâche lui est facilitée par les mentions spéciales que doit contenir l'acte (état civil, contrat de mariage), et par la légalisation de la signature des parties (2).

Si cet examen fait naître des doutes dans son esprit, il doit procéder à une inscription provisoire pour conserver le rang d'inscription du requérant, et inviter celui-ci à produire les justifications nécessaires dans un délai de quinzaine augmenté du délai des distances (3).

Deux hypothèses sont alors à envisager :

1° Les justifications ne sont pas produites, l'inscription provisoire est annulée ;

2° Leur production a lieu, et le conservateur les examine. S'il les trouve suffisantes, il procède à l'inscription définitive, qu'il refuse dans le cas contraire, mais alors le requérant a un recours devant le tribunal civil ou devant l'Ouzara suivant qu'il est justiciable des tribunaux français ou indigènes (4).

(1) Art. 350.

(2) Cette légalisation n'est pas requise, bien entendu, pour les actes authentiques. Elle est faite, suivant que les parties sont européennes ou indigènes, par différents magistrats ou fonctionnaires indiqués par l'article 343. Le conservateur, sous l'empire de la loi de 1885, n'avait pas mission de contrôler la capacité des parties, il pouvait différer l'inscription seulement en cas de doute sur la sincérité des signatures apposées au bas de l'acte présenté à l'inscription ou sur l'identité des parties (V. ancien art. 354). Ce rôle passif avait suscité de vives critiques (V. Dain, *op. cit.*, p. 30, et *Annuaire de législation française*, 1886. Notice de M. Challamel, p. 151, 152).

(3) Ce délai qui était de 8 jours, augmentés du délai des distances, sous l'empire de la loi du 1er juillet 1885, a été porté à 15 jours par la loi du 16 mai 1886. Il court « du lendemain de la remise de la notification, soit à la partie, soit au domicile élu ; si le dernier jour tombe un dimanche ou un jour férié, ce jour-là n'est pas compté » (art. 354).

(4) La loi en organisant ce recours a voulu préserver le requérant des appréciations inexactes que peut faire le conservateur.

Le jugement rendu dans les trois mois, sera sans appel ni recours quelconque. L'inscription définitive, prise par le conservateur de lui-même ou ordonnée par le tribunal, prend rang du jour de l'inscription provisoire ; les frais de l'instance sont à la charge du requérant (1).

En dehors de ces cas, le conservateur ne peut « ni refuser ni retarder une inscription, une radiation, réduction, ou rectification d'inscription régulièrement demandée, la délivrance de la copie du titre de propriété aux personnes qui y ont droit en vertu des articles 51 et 52 de la présente loi, et à toute personne, des certificats d'inscription sous peine de dommages-intérêts » (2). Si le conservateur a commis quelque erreur ou fait quelque omission, soit dans la rédaction du titre, soit dans une inscription, les parties intéressées peuvent en demander la rectification (3) : et en cas de refus de la part du conservateur, le tribunal statue (4). Lorsque l'irrégularité provient de son chef, le conservateur peut même la rectifier d'office, mais sous sa responsabilité (5). Dans tous les cas, les premières inscriptions ne sont pas rayées, elles continuent à figurer sur le titre, les corrections sont inscrites à la date courante (6).

Toutes les inscriptions nouvelles, tous les changements apportés aux inscriptions anciennes sont faits au moyen de mentions sommaires sur le registre des titres de propriété (7).

---

(1) Art. 354.

(2) Art. 353.

(3) Art. 355.

(4) Art. 356.

(5) On a émis le vœu que les rectifications d'office fussent étendues aux erreurs matérielles qui peuvent être commises par le service topographique dans le plan joint au titre de propriété (*Journ. off. tunis.*, 19 décembre 1896, p. 682, annexe VII).

(6) Art. 355.

(7) Art. 351. La loi de 1885 portait que les inscriptions ou radiations, réductions

Nous avons eu déjà occasion de parler de ce registre à propos de l'établissement du titre de propriété. Il est analogue au registre-matrice australien, le titre de propriété n'en est que la copie.

Indépendamment de ce registre, le conservateur en tient deux autres.

« 1° Un registre d'ordre des formalités préalables à l'immatriculation ;

2° Un registre de dépôt où seront constatées par numéro d'ordre et à mesure qu'elles s'effectueront, les remises des décisions du tribunal mixte ordonnant l'immatriculation ; celles des documents à fin d'inscription, de transcription de saisie, et généralement de tous actes ou écrits à inscrire, transcrire, ou mentionner (1). » Ces deux registres ont pour but de faciliter la surveillance de la gestion du conservateur

ou rectifications d'inscriptions « *qui affectent directement* la propriété ou l'enzel seront en même temps portées sur le titre de propriété, *mais sans mention du bénéficiaire* ». Quels étaient les droits qui affectaient *directement* la propriété, et ceux qui tout en ne l'affectant pas directement, n'en restaient pas moins soumis à l'inscription ? Quelle raison de ne pas mentionner le nom du bénéficiaire ? Autant de questions auxquelles il était difficile de répondre en l'absence de travaux préparatoires (V. Dain, *op. cit.*, p. 30, *in fine*). La loi du 6 mai 1886 est venue résoudre ces questions sans montrer la raison pour laquelle on les avait posées. Par inscription qui affectent *directement* la propriété où l'enzel la la loi entend « celles des mutations de propriété dans les cas autres que ceux prévus par l'article 46 de la présente loi (division d'un immeuble par démembrement ou partage) ; celles des faits ou conventions qui peuvent modifier soit la capacité ou le domicile élu du propriétaire ou enzéliste, soit l'objet, la nature ou l'étendue de son droit ; les radiations, réductions ou rectifications des mêmes inscriptions ». Les bénéficiaires de droits réels continuèrent à ne pas être indiqués, excepté s'il s'agissait du nouveau propriétaire ou enzéliste et de l'usufruitier à vie.

Ces distinctions ont été supprimées, et le nouvel article 351 est absolument général, il ne reproduit pas la prescription relative à l'omission du nom des bénéficiaires de droits réels, nous en concluons qu'ils doivent être indiqués quels qu'ils soient.

(1) Art. 344.

et le contrôle de l'exactitude des inscriptions. Le dernier est arrêté chaque jour, et un double en est déposé au greffe du tribunal de 1ʳᵉ instance de Tunis, dans les trente jours de sa clôture (1). Chaque déposant a droit à une reconnaissance du conservateur des titres déposés (2). Si quelqu'un d'entre eux vient à être égaré, la partie a un recours contre le conservateur.

Pour faciliter les recherches, celui-ci tient en outre deux tables alphabétiques, à savoir :

1° Une des titulaires des droits réels et des baux inscrits à la conservation de la propriété foncière ;

2° Une des titres de propriété (3). Tous les registres du

(1) Art. 345.

(2) Art. 346.

(3) Art. 347. La loi de 1885 prescrivait en outre la tenue d'un répertoire dans lequel étaient portées par extraits, au fur et à mesure des actes, sous le nom de chaque immeuble faisant l'objet des titres de propriété, les inscriptions qui le concernaient.

Cette disposition avait été critiquée avec raison par M. Dain (*op. cit.*, p. 31, 32). Combien était plus simple la loi australienne où le registre est la reproduction intégrale du titre de propriété. Ce registre n'existait pas dans la loi tunisienne de 1885, les titres étaient simplement mis dans les archives du conservateur, au lieu de former un registre-matrice. D'où cette complication que pour chercher un renseignement relatif à un immeuble immatriculé il fallait recourir, soit au répertoire dont il est parlé plus haut, soit à un autre registre dont la tenue a été supprimée depuis, parce qu'elle devenait inutile avec l'emploi du registre-matrice, et qui devait mentionner les « inscriptions des droits réels immobiliers, *autres que la propriété* » (art. 344 ancien). Pourquoi encore affranchir la propriété d'inscription sur ce registre spécial ? Peut-être était-ce parce qu'on pensait que le droit de propriété était suffisamment constaté par le titre. Ce n'était en tout cas ni bien clair, ni bien logique.

La loi du 16 mai 1886 remplaça ce registre par un autre où on inscrivait les décisions ordonnant l'immatriculation et tous les bordereaux énoncés dans l'article 362. La loi de 1892 ayant supprimé ces bordereaux abolit du même coup ce registre qui d'ailleurs faisait double emploi avec celui où devaient être inscrites « les remises des décisions du tribunal mixte ordonnant l'immatriculation, celles des demandes d'inscription..., » etc., maintenu par la présente loi en instituant le registre des titres.

conservateur sont cotés et paraphés par première et dernière page par le président du tribunal (1).

Les intéressés n'ont pas droit à la communication des registres de la conservation de la propriété foncière, ils peuvent seulement se faire délivrer « soit un certificat établissant la conformité des copies du titre de propriété avec le même titre, soit copie littérale de toutes les mentions concernant un droit réel immobilier ou de celles qui seront spécialement désignées dans la réquisition des parties, soit certificat qu'il n'en existe aucune » (2). Toute chance de dégradation ou d'altération frauduleuse des registres de la part des intéressés est ainsi écartée. Sur réquisition expresse, le conservateur est même autorisé à fournir un relevé sommaire des inscriptions concernant un droit réel immobilier ; en ce faisant il n'engage pas sa responsabilité, le relevé n'a que la valeur d'un simple renseignement. L'article 352 termine en disant que : « toute réquisition sera inscrite, datée et signée. — Si le requérant qui se présente à la conservation ne sait écrire, la réquisition sera remplie par le conservateur. — Dans tous les cas, elle devra être reproduite en tête des états ou certificats. »

§ 4. — De la forme des inscriptions.

A. *Droits réels immobiliers et baux*. — Il n'y a guère de remarques à faire sur la forme des inscriptions de droits réels immobiliers et de baux sur les titres de propriété. Les indications qu'elles contiennent varient naturellement avec les droits inscrits, et sont énumérées par l'article 368.

---

(1) Le président du tribunal et le procureur de la République peuvent les vérifier tous les trois mois, ils y étaient obligés sous l'empire de la loi de 1885 (Cpr. art. 348 ancien et nouveau).

(2) Art. 352.

« En cas de vente à réméré, la clause de réméré devra toujours être inscrite » (1), autrement elle ne serait pas opposable aux tiers ; il en est de même du « droit concédé au locataire ou à l'emphytéote d'acheter le fonds ou de renouveler le bail », de « la durée du bail » et des « anticipations de paiement du loyer » (2). Le législateur, semble-t-il, eût pu se dispenser d'être aussi explicite, les articles que nous venons de citer n'étant qu'une conséquence des articles 16, 342, 343 et de l'esprit général de la loi. La sauvegarde des droits des tiers commandait également de mentionner la date à laquelle seraient effectuées les inscriptions, radiations ou réductions d'inscription, l'article 369 le prescrit à peine de nullité.

L'inscription est perpétuelle, elle produit ses effets tant qu'elle n'est pas rayée, elle est dispensée de tout renouvellement (3).

B. *De la conformité du titre et des copies.* — Nous avons vu que plusieurs copies d'un même titre de propriété peuvent être délivrées par le conservateur à différentes personnes (4).

Il importe que ces copies concordent constamment avec le titre de propriété sans quoi les tiers qui traitent sur la foi de leur contenu pourraient être lésés ; la loi ordonne en conséquence au conservateur de porter sur les copies toutes les inscriptions qu'il mentionne sur le titre, et, pour plus de sûreté, de faire les deux opérations en même temps (5).

Cela suppose le concours des porteurs de copies, or s'ils

____

(1) Art. 371.
(2) Art. 372.
(3) *Contrà*, art. 2154, C. civ.
(4) Art. 51, 52.
(5) Art. 374.

refusent de les produire, quels moyens de contrainte le conservateur a-t-il à sa disposition ?

Il y a lieu de distinguer si la formalité réclamée du conservateur suppose ou non le consentement des porteurs de copie. Dans le premier cas, si la copie n'est pas produite, le conservateur ne procèdera pas à l'inscription, car le refus des porteurs implique qu'ils ne consentent plus à la formalité. Dans le deuxième cas, le conservateur porte l'inscription sur le titre, la notifie aux porteurs de copies et « jusqu'à ce que la concordance entre le titre et les copies ait été rétablie, il refusera toute nouvelle inscription prise de leur consentement (1) ».

C'est une espèce de blocus imposé aux porteurs récalcitrants, tant qu'ils ne produiront pas leur copie, toute constitution de droits réels, transmission, modification des mêmes droits sur celui qui fait l'objet de la copie, toute constitution de bail de plus d'une année, etc., en un mot tous les actes énumérés par l'article 343 leur sont interdits, ou du moins ils ne peuvent les rendre opposables aux tiers. Ils sont en quelque sorte mis en quarantaine et l'incommodité d'une pareille situation les forcera bientôt à produire la copie du titre qu'ils ont entre les mains.

Si une copie vient à se perdre, le titulaire devra s'adresser au tribunal pour en obtenir une autre. Ce n'est que sur le vu du jugement l'ordonnant que le conservateur pourra en délivrer une nouvelle (2). La loi devait se montrer très circonspecte sous peine de voir se reproduire ici, les inconvénients de la législation indigène et du régime des outikas.

Dans la pratique, avant de contracter sur le vu d'une copie de titre, il est prudent d'en faire certifier par le conservateur la concordance avec le titre lui-même.

(1) Art. 375.
(2) Art. 376.

§ 5. — De la responsabilité du conservateur.

Le conservateur est responsable du préjudice causé par les
erreurs qui proviennent de son propre fait, c'est-à-dire :

« 1° De l'omission sur ses registres, des inscriptions régulièrement requises en ses bureaux ;

2° De l'omission, sur les copies, des inscriptions portées
sur le titre, sauf l'hypothèse prévue par l'article 375 ;

3° Du défaut de mention » sur les titres de propriété des
inscriptions affectant directement la propriété ou l'enzel (1),
à moins qu'il ne se soit exactement conformé aux réquisitions
des parties, ce qui sera d'un contrôle facile puisque les pièces requises pour l'inscription par l'article 343 restent dans
ses archives, ou que le défaut de mention ou l'erreur qu'elle
contient ne provienne de désignations insuffisantes qui ne
pourraient lui être imputées. Il en est de même pour le défaut
de mention sur les certificats de titre d'une ou de plusieurs
inscriptions existantes.

Ces omissions ne devant pas préjudicier aux tiers qui ont
contracté sur la foi de la copie du titre qui leur était présentée, l'immeuble à l'égard duquel le conservateur aurait commis quelque erreur d'inscription, soit dans les copies du titre
de propriété, soit dans les certificats, conserve à leur égard
sa condition juridique telle qu'elle est établie par la copie
du titre ou le certificat. Le requérant lésé a seulement un
recours en dommages-intérêts contre le conservateur si l'erreur lui est imputable. La force probante attachée à la copie
et aux certificats exigeait cette solution. C'est aux requérants
à s'assurer que le conservateur a bien établi l'inscription.

(1) Art. 377.

Cependant « cette disposition ne préjudicie pas au droit des créanciers hypothécaires de se faire colloquer, suivant l'ordre qui leur appartient, tant que le prix n'a pas été payé par l'acquéreur, ou tant que l'ordre ouvert entre les créanciers n'est pas devenu définitif » (1).

En cas d'infraction aux dispositions de la loi, le conservateur est passible d'une amende (100 à 2.000 francs), doublée en cas de récidive, et de la destitution, indépendamment des dommages-intérêts auxquels il peut être condamné envers les parties ; ces dernières seront toujours payées en premier (2). « Les mentions de dépôt sont faites sur les registres de suite, sans aucun blanc ni interligne, à peine contre le conservateur de cinq cents à trois mille francs d'amende, et de dommages-intérêts des parties, payables aussi de préférence à l'amende » (3).

L'article 381 et dernier de la loi applique les articles 147, 148, 463, 59 et 60 du Code pénal français aux personnes convaincues de falsification, de contrefaçon, d'altération de titre de propriété, de copies ou de certificats etc.

SECTION VI

DE L'EXPROPRIATION FORCÉE.

« Le créancier peut poursuivre l'expropriation des droits réels immobiliers suivants appartenant au débiteur :

1° La propriété immobilière ;

2° L'enzel ;

---

(1) Art. 378. Cpr. 2198, C. C., c'est-à-dire que le droit de suite est perdu, mais que le droit de préférence est conservé tant que le prix n'a pas été payé ou l'ordre réglé définitivement.

(2) Art. 379.

(3) Art. 380

3° L'usufruit des immeubles ;

4° L'emphytéose ;

5° La superficie » (1).

Les articles 288 à 299 qui règlent l'expropriation forcée au profit des créanciers sont la reproduction à peu près littérale des articles 2205 à 2209, 2212 à 2215 et 2217 du Code civil.

Si le commandement qui doit précéder toute poursuite en expropriation d'immeubles est signifié au conservateur, celui-ci l'inscrit, et l'immeuble du débiteur ne peut faire l'objet d'aucune autre inscription pendant le cours de l'instance en expropriation (2).

SECTION VII

INSTITUTIONS QUI COOPÈRENT A L'APPLICATION DE LA LOI.

Après avoir réuni et codifié dans la loi du 1ᵉʳ juillet 1885 les principes nouveaux applicables désormais aux immeubles tunisiens immatriculés, le législateur devait se préoccuper de leur mise en pratique par la création des services spéciaux nécessaires et l'organisation d'une juridiction chargée de connaître de toutes les difficultés soulevées par l'application de la loi.

Ces services sont au nombre de quatre : le tribunal mixte, la conservation de la propriété foncière, le service topographique, auxquels on a joint un corps d'interprètes asser-

(1) Art. 287.

(2) Art. 299, al. 2.

La loi de 1885 avait reproduit à la suite de l'expropriation forcée la plupart des dispositions du Code civil relatives à la prescription et à la possession dont l'ensemble formait un des titres de la loi, le titre XIII. La loi de 1892 les a purement et simplement abrogées.

mentés. Nous allons dire quelques mots de chacun d'eux avant de passer à l'étude de l'organisation judiciaire dans la Régence.

§ 1. — Tribunal mixte.

Ce tribunal répond à un besoin spécial. « On a pensé qu'il fallait associer à l'œuvre de constitution de la propriété une juridiction expéditive chargée de surveiller l'exécution de la loi et de résoudre les litiges que son application ne peut manquer de soulever (1). »

Créé par la loi du 1er juillet 1885, le tribunal mixte a reçu un complément d'organisation par le décret du 14 juin 1886 (2), modifié le 8 novembre 1889 (3). Il se compose d'un président, d'un greffier et de trois juges, français, et de trois juges tunisiens. Si les parties en cause sont toutes justiciables des tribunaux français, la chambre appelée à statuer se compose de trois magistrats français (chambre française) ; si les parties en cause sont toutes tunisiennes, la chambre se compose de trois magistrats tunisiens (chambre musulmane) ; s'il y a en cause à la fois des justiciables des tribunaux français et des tunisiens, la chambre saisie est une chambre mixte, composée de deux magistrats français et de deux tunisiens sous la présence obligatoire du président du tribunal mixte ou de son délégué. Si les magistrats tunisiens ne comprennent pas le français, on leur adjoint un interprète assermenté.

Depuis l'application des décrets des 15 et 16 mars 1892, qui ont réduit les frais, les demandes d'immatriculation ont tellement augmenté que le tribunal mixte est encombré.

(1) Rapport Cambon, 1885.
(2) Bompard, *op. cit.*, p. 254.
(3) *Journ. off. tunis.*, 1889, p. 325.

Aussi un décret du 9 mai 1896 a-t-il créé provisoirement une nouvelle chambre à ce tribunal. Il dispose que cette chambre restera en fonctions pendant deux ans à partir du 1ᵉʳ juin 1896, mais que ses pouvoirs pourront être renouvelés si les besoins du service l'exigent (1).

La compétence du tribunal mixte est très étendue.

Ses décisions, dit l'article 37, ne sont « susceptibles d'aucune opposition, appel ou recours quelconque ». Il « statuera au fond sur toutes les contestations autres que celles prévues au 1ᵉʳ alinéa de l'article 35 et à l'article 36. Il prononcera l'admission ou le rejet, en tout ou en partie, de l'immatriculation et ordonnera, en cas d'immatriculation, l'inscription des droits réels dont il aura reconnu l'existence.

En cas de rejet, les parties seront renvoyées à se pourvoir devant la juridiction compétente » (2).

Les deux exceptions auxquelles fait allusion l'article 37 sont les suivantes :

1° Dans le cas où une contestation intéressant la propriété a été soumise aux tribunaux ordinaires avant la requête d'im-

______

(1) V. *Bulletin de l'union coloniale française*, juin 1896, et *Rev. alg.*, 1896. 3.146.

(2) La rédaction de cet article est un peu défectueuse. Il commence par poser un principe absolument général : « Les décisions du tribunal mixte ne seront susceptibles d'aucune opposition, appel ou recours quelconque », puis, à la fin, il revient sur ce qu'il a dit, en ajoutant : « En cas de rejet, les parties seront renvoyées à se pourvoir devant la juridiction compétente. » Cela signifie que les décisions du tribunal mixte sont sans appel en tant seulement qu'il ordonne l'immatriculation ou l'inscription d'un droit. S'il rejette la demande, parce qu'il trouve que le droit du requérant n'est pas fondé, celui-ci peut se pourvoir devant le tribunal civil ou le charâ suivant qu'il est européen ou indigène, et si son droit est reconnu, le tribunal mixte n'a plus qu'à enregistrer le jugement du tribunal civil ou du charâ.

Il est dit ensuite que le tribunal mixte « statuera au fond sur toutes les contestations ». Cela signifie que ses décisions, *quand il prononce sur l'admissibilité des droits des requérants*, sont sans appel, mais non pas quand il les rejette.

La jurisprudence s'est prononcée dans ce sens.

matriculation, celle-ci est suspendue jusqu'après décision de ces tribunaux (1).

2° « Dans le cas où une opposition à une immatriculation serait formée par un justiciable des tribunaux français, il sera loisible à ce dernier de la porter devant la juridiction française, pourvu qu'il le fasse avant toute défense au fond devant le tribunal mixte et pourvu que l'instance soit fondée sur un droit existant entre ses mains avant l'insertion au *Journal officiel* de la déclaration d'immatriculation. Auquel cas le tribunal mixte surseoira à statuer sur l'admissibilité de la demande à fin d'immatriculation jusqu'après décision, passée en force de chose jugée, du tribunal compétent (2).

Telles sont l'organisation et la compétence, de ce tribunal spécial, compétence un peu différente sous le régime de la loi de 1885 et qui n'avait pas manqué de susciter de justes et sévères critiques.

Sous l'empire de cette loi, en effet, le tribunal n'avait pas le pouvoir de statuer sur le fond du débat, mais seulement sur l'admission, ou le rejet des oppositions. En cas d'admission, le tribunal ne statuant pas sur le droit des opposants, il fallait pour cela s'adresser aux tribunaux de droit commun. De là des lenteurs et des complications qui risquaient de décourager les demandeurs.

En cas de rejet d'opposition, *les décisions du tribunal n'étant jamais motivées* (3), risquaient de dépouiller injustement les ayants droit qui n'avaient aucun moyen de revenir sur la

---

(1) Art. 35.

(2) Art. 36. Trib. de Tunis, 30 janv. 1893, *Rev. alg.*, 1893. 2. 257. La loi de 1885 exigeait, *en outre*, que le requérant à fin d'immatriculation fût également justiciable des tribunaux français.

(3) Ancien art. 37.

sentence. Dans certains cas cela pouvait aboutir à un vérita·
ble déni de justice (1).

Pareil abus a cessé aujourd'hui que le tribunal statue sur
le fonds même du débat, la loi le dit formellement, lorsqu'il
admet la demande soit d'immatriculation, soit d'inscription,
et que ses décisions sont motivées.

Il présente donc toutes les garanties de célérité et de sécurité réclamées pour l'œuvre de constitution de la propriété,

§ 2. — Conservation de la propriété foncière.

Le conservateur de la propriété foncière a été institué par
la loi du 1er juillet 1885. L'article 21 définit ses attributions;
il est chargé: « 1º de l'immatriculation des immeubles; 2º de
la constitution des titres de propriété ; 3º de la conservation
des actes relatifs aux immeubles immatriculés ; 4º de l'inscription des droits et charges sur ces immeubles. » Nous
avons déjà vu le conservateur dans ces fonctions en étudiant
le mécanisme de la loi.

Le décret du 12 ramadan 1303-14 juin 1886 (2), modifié
par le décret du 17 chaban 1309-16 mars 1892, a réglé le
service intérieur de la conservation (3). Celle-ci placée primitivement dans les attributions de la Direction des finances,
dépend aujourd'hui de la Résidence générale (4). Le conservateur est nommé par le Bey sur la proposition du Résident,
il prête serment devant le tribunal civil et fournit un cautionnement de trente mille francs, constitué soit en immeubles urbains situés à Tunis et immatriculés, soit en obliga-

---

(1) Voir Dain, *op. cit.*, p.14 et *Annuaire de législation française*,1886,p. 149,
note I.

(2) Bompard, *op. cit.*, p. 255.

(3) *Loi foncière et Règlements annexes*, p. 107.

(4) Art. 1 du décret.

tions tunisiennes 4 0/0 ou en rentes françaises 3 0/0 non
amortissables. — « Les dispositions fondamentales concernant la partie matérielle du service, le cautionnement, le
mode de rémunération du conservateur ont été, pour la plupart, empruntées aux lois françaises dont les principes sont
consacrés par une pratique presque séculaire (1). »

Nous avons pu nous rendre compte en étudiant la loi d'immatriculation du rôle prépondérant que joue le conservateur.
A chaque instant, qu'il s'agisse de la demande d'immatriculation, de l'établissement du titre, des inscriptions, radiations,
etc., à y effectuer, on le voit intervenir. — Ses fonctions ont
pu être comparées à celles des conservateurs des hypothèques en France et des notaires (2). Comme les premiers il
tient les registres fonciers sur lesquels sont inscrits tous les
actes relatifs aux immeubles, il en délivre des extraits ;
comme les seconds, il rédige les titres de propriété.

Le décret de 1886 le chargeait en outre de percevoir certains droits au profit du Trésor, et d'administrer le fonds
d'assurance. Cette disposition a été abrogée par le décret du
16 mars 1892 qui a aboli également le fonds d'assurance.

§ 3. — Service topographique.

Le but de l'immatriculation n'est pas seulement de déterminer exactement la condition juridique des immeubles,
mais encore leur état matériel, leur contenance, leurs limites, d'en dresser avec toutes les garanties possibles d'exactitude, un plan tenu constamment au courant des modifications apportées dans l'étendue des propriétés par les
transactions particulières, et de ramener tous ces plans divers

(1) Rapport Cambon, 1885.
(2) Cpr. Dain, *op. cit.*, p. 13.

à une même échelle, afin de pouvoir établir par la suite un
état parcellaire de toutes les propriétés immatriculées, analogue au plan cadastral en France (1).

C'est pour réaliser ce programme qu'a été créé le service
topographique par le décret du 17 redjeb 1303-21 avril
1886 (2). Son personnel se compose de géomètres et d'élèves
géomètres recrutés par voie de concours et dont les travaux
sont contrôlés par un corps de vérificateurs, de commis et
d'employés de bureau, sous la direction d'un ingénieur, chef
du service (3).

Au 31 décembre 1894, ce personnel comprenait : 3 vérificateurs, 21 géomètres assermentés, 3 élèves géomètres et
12 géomètres auxiliaires (Rapport de M. Hanotaux, 1ᵉʳ juill.
1895).

§ 4. — Interprètes-traducteurs.

Nous avons vu dans le premier chapitre que la plupart
des titres de propriété non immatriculés sont rédigés en
langue arabe. Dès lors pour procéder à l'immatriculation et
purger équitablement la propriété de tous les droits réels

(1) La triangulation et le levé d'une carte régulière de la Régence a été con-
fiée à l'autorité militaire. Le gouvernement tunisien contribue aux dépenses
nécessitées par ces opérations par une subvention de 300.000 francs pour la
triangulation et de 440.000 francs pour le levé (Décrets du 10 janvier 1888,
du 27 décembre 1888 et du 20 juillet 1893, Dianous, *op. cit.*, p. 216 et la note).

(2) Bompard, *op. cit.*, p. 236 et suiv.

(3) Pour les règlements particuliers de ce service voir la loi foncière et les décrets et arrêtés des 21 avril 1886 sur la création du service topographique,
22 avril 1886 sur son organisation, 1ᵉʳ mai 1886 modifié par le décret du 16 mars
1892, sur les conditions d'exécution des plans des propriétés rurales, 1ᵉʳ mai
1886, modifié par arrêté du 31 déc. 1888 sur l'exécution des plans des propriétés rurales, 15 juin 1886 modifié par arrêté du 15 décembre 1888, sur l'exécution des plans des propriétés urbaines, 8 juin 1891 sur la conservation des
signaux et des bornes (Bompard, *op. cit.*, p. 236 et suiv., *Loi foncière et règlements annexes*, p. 129 et s.).

autres que ceux portés sur le titre, il était indispensable de traduire ces titres en français, puisque l'immatriculation est prononcée par un tribunal en majeure partie français, et qu'elle a pour effet de faire passer l'immeuble qui y est soumis sous la juridiction des tribunaux français (1). C'est dans ce but que le décret du 2 redjeb 1303-6 avril 1886, modifié par le décret du 17 chaban 1309-16 mars 1892 (2) a institué le corps des interprètes-traducteurs.

Ceux-ci, avant d'être admis à prêter serment « d'interpréter fidèlement les pièces et les discours qu'ils seront chargés de traduire et d'en garder le secret » (3), subissent des examens sur les langues (arabe, hébraïque, espagnole, maltaise, anglaise, italienne et allemande), écrites et parlées, qu'ils auront à traduire, et les éléments des droits français et musulman. La commission d'examen est composée :

« 1° Du président du tribunal mixte ou de son délégué, président ;

2° Du directeur de l'enregistrement public ou de son délégué ;

3° D'un juge indigène du tribunal mixte ;

4° D'un interprète désigné par le Ministre Résident général de la République française à Tunis, rapporteur (4). » Ils versent un cautionnement de 1200 francs et tiennent un registre indiquant les traductions dont ils sont requis et les salaires perçus. Ceux-ci sont réglés par un tarif annexé au décret. Les articles 162, 174 et 363 du Code pénal sont applicables aux interprètes-traducteurs.

(1) Art. 20, *Loi foncière*.
(2) *Loi foncière et règlements annexes*, p. 123.
(3) Art. 8, décret du 16 mars 1892.
(4) Art. 6 du décret.

§ 5. — Organisation judiciaire.

Il existe en Tunisie deux sortes de juridictions absolument distinctes : la juridiction indigène et la juridiction française.

La première se divise en juridiction laïque, représentée par les caïds, le tribunal de la driba et celui de l'ouzara ; et en juridiction religieuse représentée par les cadis et le tribunal du charâ (1). Celui-ci est le seul dont nous ayons à nous occuper, car il est le juge de droit commun en matière immobilière lorsqu'il s'agit d'un immeuble non immatriculé et que des tunisiens sont en cause. Son organisation est réglementée par le décret du 30 rabia-et-tani 1293-25 mai 1876, (2). Il est composé d'un certain nombre de cadis et de muftis et divisé en deux chambres, l'une hanéfite, l'autre malékite, présidées la première par le Cheikh-ul-islam, la seconde par le Bach-mufti (3). Il y a plusieurs charâs dans la Régence, mais celui de Tunis est au-dessus de tous les autres, on en appelle à son tribunal et ses décisions ne sont susceptibles d'aucune voie de recours.

La compétence de ces divers tribunaux est réglée, comme dans notre droit, par le domicile du défendeur et la situation des biens, mais si les parties sont d'accord pour lui soumettre leur différend, elles peuvent évoquer l'affaire directement devant le charâ de Tunis (4). Une seule des deux parties, qu'elle soit demanderesse ou défenderesse, peut même exiger ce renvoi, à moins que l'affaire ne soit tellement claire qu'il

(1) Il y a aussi des tribunaux rabbiniques pour les israélites.

(2) Bompard, *op. cit.*, p. 278.

(3) Nous avons déjà vu que le choix du rite, dans chaque affaire appartient toujours au défendeur qui peut décliner la compétence du tribunal devant lequel on l'assigne à condition de le faire avant toute défense au fond (art. 55 du décret).

(4) Art. 33 du décret précité.

soit évident que la partie ne fait cette demande que dans le but de gagner du temps, et de léser son adversaire (1).

Vu l'importance des affaires soumises au charâ, affaires toutes religieuses, les juges auxquelles elles sont confiées, doivent accomplir leur tâche « avec un grand discernement et la crainte de Dieu, tant en ce qui concerne la sentence à rendre que les moyens à employer pour arriver à la découverte de la vérité et simplifier la procédure (2) ». La preuve testimoniale est admise, mais de ce que le charâ est un tribunal religieux, il s'ensuit que les seuls musulmans peuvent y être entendus, ce qui ne constitue pas un des moindres inconvénients de cette juridiction. Ses décisions entraînent la contrainte par corps.

Au-dessus de tous les tribunaux indigènes plane l'autorité supérieure du Bey, juge suprême en Tunisie. Autrefois, l'usage était que le Bey siégeât lui-même de temps à autre pour réformer les décisions des tribunaux inférieurs. Cette coutume se perd de plus en plus, cependant aujourd'hui encore, tous les samedis, le souverain quitte sa résidence de la Marsa pour se rendre à Tunis au Dar-el-Bey où parfois il se plaît encore à écouter lui-même les plaideurs.

La juridiction française a été établie dans la Régence par la loi du 27 mars 1883, promulguée le 18 avril de la même année (3), elle succédait au régime des capitulations dont la suppression était ardemment désirée par l'opinion publique, car « le désordre qui résultait de ces multiples juridictions était devenu tel, qu'il était insupportable aux Européens eux-mêmes dont il compromettait la sécurité et les intérêts (4) ». Aussi dès l'année qui suivit l'établissement de la

(1) Art. 34 même décret.
(2) Art. 26 même décret.
(3) Bompard, *op. cit.*, p. 266.
(4) Rapport, 1881-1890.

juridiction française, toutes les puissances avaient-elles consenti à dissoudre leurs tribunaux consulaires, s'en remettant du soin de juger leurs nationaux aux tribunaux français : seule l'Italie, pour des raisons toutes politiques, avait fait quelque difficulté (1). Cette juridiction comprenait alors un tribunal de première instance à Tunis et six justices de paix à Tunis, la Goulette, Bizerte, Sousse, Sfax et le Kef, la Cour d'appel restait à Alger (2). Ces tribunaux devaient connaître de toutes les affaires civiles et commerciales entre Français et protégés français, ainsi que des poursuites intentées contre eux pour contraventions, délits ou crimes (3). Leur compétence fut étendue aux étrangers dont les tribunaux consulaires seraient supprimés par le décret du 5 mai 1883 (4). Depuis le décret du 31 juillet 1884 (5), ils connaissaient de toutes les affaires civiles et commerciales dans lesquelles des Européens ou protégés européens étaient en cause, soit comme demandeurs, soit comme défendeurs. Toutefois, en matière immobilière et lorsqu'un indigène était en cause, le tribunal du charâ restait seul compétent.

(1) La renonciation de l'Italie fit l'objet d'un long protocole en date du 25 janvier 1884. Il était dit dans cet acte que la juridiction consulaire d'Italie était *suspendue*, ce qui causa quelque émotion en France. Mais M. Mancini, dans le discours par lequel il le soumit à l'approbation de la Chambre italienne, expliqua que l'arrangement n'avait pas un caractère provisoire, qu'il était *permanent* et devait durer autant que la situation actuelle en Tunisie (P. H. X, *La politique française en Tunisie*, p. 374, note).

(2) Depuis, le nombre en a été augmenté ; actuellement il y a deux tribunaux de première instance, à Tunis et à Sousse, neuf juges de paix, à savoir : deux à Tunis, un à Bizerte, à Sousse, à Sfax, au Kef, à Souk-el-Arba, à Grombalia et à Gabès. De plus il y a des audiences foraines dans certaines villes, et des contrôleurs civils, ou des officiers désignés par le résident, remplissent les fonctions de juge de paix (Décrets du 29 octobre 1887, 21 janvier 1890, 24 février 1890 ; arrêtés du 3 juillet 1890, 19 février 18 1 ; Bompard, p. 275, *J. off. tun.*, 1890, p. 33, 67, 238 ; 1891, p. 49).

(3) Art. 2.

(4) Bompard, *op. cit.*, p. 269.

(5) Bompard, *op. cit.*, p. 272.

La loi foncière du 1ᵉʳ juillet 1885 est venue porter remède à cette situation. Toute une catégorie d'immeubles a été enlevée à la compétence du charâ. L'article 20 pose en effet en principe que : « Les immeubles immatriculés ressortiront exclusivement et d'une manière définitive à la juridiction des tribunaux français », et que « en cas de contestations sur les limites ou les servitudes d'immeubles contigus, lorsque l'un d'eux sera immatriculé et que l'autre ne le sera pas, la juridiction française sera seule compétente, et il sera fait application de la présente loi (1) ».

Ainsi donc, actuellement, les immeubles tunisiens sont soumis à deux régimes suivant qu'ils sont immatriculés ou non. Dans le premier cas, la juridiction française est seule compétente quelle que soit la nationalité des parties, dans le second, il faut envisager cette nationalité.

Lorsqu'il s'agit, en effet, d'immeubles non immatriculés et que des tunisiens sont seuls en cause, le charâ est seul compétent, si au contraire il n'y a que des Européens ou protégés européens, les tribunaux français sont compétents, puisqu'ils ont succédé aux juridictions consulaires, qui étaient compétentes dans ce cas (2). Reste à examiner le cas où les parties sont les unes tunisiennes, les autres européennes ou

______

(1) Trib. de Tunis, 14 mars 1892, *Rév. alg.*, 1892. 2. 237 ; Même Trib., 13 juin 1892, *Rev. alg.*, 1892. 2. 418 ; Cass. req., 18 oct. 1893, *Rev. alg.*, 1893. 2. 524.

(2) Traité anglo-tunisien du 10 octobre 1863, art. 4 (Bompard, p. 459), confirmé par traité du 19 juillet 1875, art. 5 et 42 (Bompard, p. 466). Traité italo-tunisien du 8 septembre 1868, art. 22 (Bompard, p. 461). Traité austro-tunisien du 13 janvier 1866 (Bompard, p. 461), Traité entre la Prusse et la Tunisie du 27 juin 1866 (Bompard, p. 461) ; ces deux derniers traités assurant à leurs nationaux les avantages accordés aux nationaux anglais et Trib. de Tunis, 19 janv. 1887, *Rev. alg.*, 1890.2.21 ; 29 décembre 1888, *Rev. alg.*, 1890.2.38 ; 30 janvier 1890, *Rev. alg.*, 1890.2.382 ; Cass. req., 20 avril 1891, *Rev. alg.*, 1891. 2. 424 ; Tunis, 6 et 20 mars 1893, *Rev. alg.*, 1893.2. 275 ; Alger, 17 mars 1894, *Rev. alg.*, 1894.2.382.

protégées européennes. On s'accorde à reconnaître que les
tribunaux français sont incompétents, mais l'accord cesse
sur le caractère de cette incompétence, les uns soutenant
qu'elle est absolue, d'ordre public et peut être invoquée en
tout état de cause, les autres prétendant au contraire qu'elle
est relative et peut être supprimée par la volonté des parties.
Les tribunaux de Tunis et de Sousse soutiennent le second
système (1), la Cour d'Alger soutient le premier (2).

Quels sont les arguments fournis par cette dernière ? Pour
bien les comprendre, il nous faut revenir un peu en arrière et
parler de la compétence des juridictions consulaires. Dans le
traité de 1863, entre l'Angleterre et la Tunisie, l'article 4
reconnaît la compétence exclusive des tribunaux indigènes
en cas de procès immobilier entre sujets tunisiens et anglais,
l'article 22 du traité italo-tunisien, conclut dans le même
sens, de même aussi les traités des autres nations avec la
Tunisie qui se réfèrent au texte du traité anglais. Il semble
donc que dans les mêmes cas, puisque la justice française
n'a fait qu'hériter de la compétence des juridictions consulaires, elle doive être également incompétente.

On peut répondre à cela que les traités en question sup-
posaient une organisation judiciaire complète en Tunisie
avec tribunaux d'appel et Cour suprême analogue à la Cour

____

(1) Tunis, 20 novembre 1885, *Rev. alg.*, 1890. 2.35 ; 15 décembre 1887, *Rev.
alg.*, 1890. 2.36 ; 8 novembre, 20 décembre 1888, *Rev. alg.*, 1890. 2.27-28; 1889,
2.419 ; 17 janvier, 13 mars 1889, *Rev. alg.*, 1889. 2. 430 ; 1889. 2. 485 ; Sousse,
6, 27 juin et 20 novembre 1889, *Rev. alg.*, 1889. 2. 462 ; 1890. 2. 31-34; Tunis,
27 février 1890, *Rev. alg.*, 1890. 2. 487 ; Tunis, 3 mars, 14 avril, 24 avril 1893,
Rev. alg., 1893. 2. 487 ; Tunis, 6 avril 1895, *Rev. alg.*, 1895. 2. 344.

(2) Alger, 26 janv. 1889, *Rev. alg.*, 1889.2. 151; 3 mai 1890, *Rev. alg.*, 1890.2.
387 ; 15 octobre 1891, *Rev. alg.*, 1891.2. 510 ; 26 juillet et 3 nov. 1892, *Rev.
alg.*, 1892. 2. 412-517 ; 15 mars 1892, *Rev. alg.*, 1892. 2.182 ; 5 janvier, 1er juillet 1893, *Rev. alg.*, 1893. 2.59-438 ; 31 octobre 1893, 9 décembre 1893, *Rev. alg.*,
1893. 2. 526; 1894. 2.161 ; Alger, 27 janvier 1894, *Rev. alg.*, 1894. 2.234.

de cassation, présentant toutes les garanties de sincérité et
de sécurité réclamées pour les intérêts européens. Après une
tentative infructueuse de Mohammed-ès-Sadok en 1863, cette
organisation fut définitivement abandonnée, sans avoir jamais fonctionné (1).

De ce que les consuls avaient consenti à abandonner le
soin de juger leurs nationaux à une juridiction qui devait être
organisée, peut-on arguer qu'alors même que cette juridiction ne l'a pas été, ils ont renoncé à leurs droits en faveur
de la justice existant alors, du charâ, tribunal sans appel
ni recours où les seuls témoins admis sont musulmans, et où
par conséquent les intérêts européens courent grand danger ? En droit, cela paraît difficilement soutenable, c'est
comme si on prétendait qu'ayant promis une chose sous condition, on est tenu alors même que la condition n'est pas
remplie. En fait d'ailleurs les traités n'ayant pas été exécutés
par le gouvernement tunisien, les tribunaux consulaires ont
toujours continué à connaître des contestations immobilières
où leurs nationaux étaient en cause comme défendeurs, ainsi
qu'en témoignent les registres des chancelleries, les plus
hauts personnages, le bey lui-même, s'y soumettaient, et
cette jurisprudence a été constamment consacrée par les Cours
d'Aix et de Gênes (2).

____

(1) Voir P. H. X, *op. cit.*, p. 26 et suiv., 82 et suiv.

(2) Consulat de France : 1863, le bey de Tunis c. Pierre Colin; 1866, Mustapha Kasnadar, 1er ministre, c. Pascal Gandolphe; 1868, Snadly, dit Chadly Hassen, *contrat de vente d'un terrain* à El Hadj Mohammed ben Cheik Ahmed ; 1870, Bach Kodja Abou Mohammed Hassan c. l'Evêque ; 1874, Mohammed el Mesganni de Sfax c. Nathan Cohen Solal ; 1876, Bou Malek Hadj Mohammed c. Bourgeois père et fils, etc.

Consulat d'Italie : affaire Daregi c. Baronni, c. Michel Montalto, S. A. Taïeb-Bey, o. Mme Fasciotti, etc.

La Cour d'Aix, comme la Cour de Gênes, a été souvent saisie de litiges immobiliers entre sujets tunisiens, égyptiens et syriens contre des Français ou

Il semble donc que la Cour d'Alger ne puisse guère s'appuyer sur ce qui se passait sous le règne des juridictions consulaires pour motiver sa jurisprudence, elle argumente alors du décret beylical du 31 juillet 1884, dont le préambule est ainsi conçu : « Ayant l'intention d'étendre aussi la compétence des tribunaux français dans le cas où des Européens sont en cause, aux matières immobilières, mais en reconnaissant l'impossibilité de le faire avant que la codification des lois qui les règlent ait été établie.... » d'où il résulterait que le bey n'a jamais voulu céder ses droits en la matière (1). Mais nous avons dit que par suite de la non-exécution par le gouvernement tunisien des traités de 1863 et autres d'après lesquels les Européens ne devaient être soumis qu'à des juridictions susceptibles d'appel et de cassation, les consuls avaient conservé leur droit de juridiction en matière immobilière. Or le bey peut-il prétendre garder un pouvoir dont il n'a jamais été investi.

Reste l'article 5 du décret du 31 juillet 1884 (2) dont on veut tirer argument parce qu'il institue une commission chargée non seulement de préparer une loi foncière, mais encore « de proposer les conditions dans lesquelles la compétence en matière immobilière sera remise aux tribunaux français ». *Sera remise*, donc ils ne l'avaient pas.

Pour vouloir trop prouver, en invoquant cet article, on ne prouve pas grand'chose. En effet, d'abord il ne contient pas de disposition formelle, et si on le prenait à la lettre, il signifierait qu'avant ce projet de loi, les tribunaux français étaient ab-

protégés français.

La même jurisprudence était suivie dans les autres consulats (Voir, sur le caractère de la compétence des tribunaux de Tunisie en matière immobilière, *Rev. alg.*, 1890.1.133).

(1) V. Berge, *op. cit.*, p. 62.

(2) Bompard, *op. cit.*, p. 272.

solument et dans tous les cas incompétents en matière immobilière ; or tout le monde leur accorde la connaissance des litiges immobiliers quand des Européens sont seuls en cause (1) ; l'article précité ne peut donc envisager que le cas où un Tunisien est en cause. Mais même dans ce cas, si l'Européen est défendeur, les juridictions consulaires auraient été compétentes, et par conséquent le tribunal français le. sera aussi puisqu'il leur a succédé ; une simple réserve ne peut suffire à annuler le droit qui résulte des traités d'après lesquels en l'absence de juridictions susceptibles d'appel et de cassation, les consuls ont conservé la connaissance des procès immobiliers.

D'ailleurs, même en admettant que les traités de 1863 et de 1868 doivent être exécutés quoique la justice indigène n'ait pas été organisée, il faudrait reconnaître au tribunal français, successeur des juridictions consulaires, le droit de donner l'exequatur aux décisions du charâ rendues contre un Européen, car les juridictions consulaires se l'étaient réservé dans ces traités. Or si on admet, comme le tribunal de Tunis l'a fait a mainte reprise (2), que cet exequatur doit être précédé d'une revision au fond du procès, de quel intérêt sera pour les parties le jugement rendu par le charâ. Il n'aura servi qu'à leur imposer des frais et des lenteurs inutiles.

Enfin remarquons avec M. Berge (3) que l'incompétence des juridictions consulaires, même en admettant que les trai-

(1) Voir page 156, note 2.

(2) Trib. de Tunis, 2 février 1887, *Rev. alg.*, 1887.2.169 ; Tunis, 5 janvier 1888, *Rev. alg.*, 1888.2.345 ; Tunis, 27 février 1890, *Rev. alg.*, 1890.2.437 ; Tunis, 19 nov. 1894, *Rev. alg.*, 1895.2.226 ; Tunis, 25 nov. 1895, *Rev. alg.*, 1896.2.296 ; Alger, 23 mars 1896, *Rev. alg.*, 1896.2.297.

En sens contraire : Alger, 18 février 1891, *Rev. alg.*, 1891.2.222 ; Tunis, 20 février 1893, *Rev. alg.*, 1893.2.204 ; Sousse, 17 janvier 1895, *Rev. alg.*, 1895.2.229.

(3) Berge, *op. cit.*, p. 63, 64.

tés de 1863 et de 1868 doivent être appliqués, ne tenait pas au caractère immobilier du litige, puisque leur compétence était consacrée par les traités lorsque les parties étaient européennes, cette incompétence tenait uniquement à la qualité de sujet tunisien d'une des parties ; elle n'était donc pas *ratione materiæ*, mais bien *ratione personæ*, c'est-à-dire purement *relative*.

Cette importante question qui touche de si près aux intérêts de la colonisation a ému à diverses reprises les pouvoirs publics. Des rapports ont été remis à la Chambre de commerce de Tunis. La Conférence consultative n'a cessé de s'élever contre la jurisprudence de la Cour d'Alger (1). Elle désirerait voir s'étendre la compétence immobilière des tribunaux français à tous les cas où un européen ou protégé européen est en cause. « Un membre de cette assemblée demandait même que la compétence des tribunaux français en matière immobilière fût absolue, sans tenir compte de la nationalité des parties, afin de ne pas changer la loi régissant un immeuble par la seule raison que cet immeuble passe des mains d'un justiciable des tribunaux français entre les mains d'un justiciable des tribunaux tunisiens ou inversement (2). »

Tout dernièrement encore, dans une séance du 16 novembre 1896, la Conférence consultative revint sur la question. Le gouvernement du protectorat promit alors d'étudier, d'accord avec le premier ministre, certains projets d'amélioration dans le fonctionnement matériel du charâ, notamment pour l'organisation d'un greffe (3).

Disons enfin pour terminer qu'en matière de servitudes

<hr>

(1) Séances des 29 janvier 1891, 20 nov. 1891, 23 avril 1892.
(2) Dianous, *op. cit.*, p. 65, note 1.
(3) *Journ. off. tunis.*, 5 déc. 1896, p. 640.

militaires, les tribunaux français sont toujours et seuls compétents sans avoir égard à l'immatriculation ou à la non-immatriculation de l'immeuble grevé, ni à la nationalité des parties (1) : il en est de même pour toutes les contestations qui regardent le domaine public lorsqu'il y a en cause un européen ou protégé européen.

(1) Décret du 3 hidjé 1303-2 septembre 1886 (Bompard, p. 481).

CONCLUSION

L'économie générale de la loi et son mécanisme étant
connus, il est intéressant d'étudier les effets qu'elle a produits et la marche qu'a suivie son application dans la Régence.

Son premier mérite est d'assurer au crédit une sécurité
absolue par la large publicité qu'elle donne à tous les actes
qui peuvent l'intéresser. Un tiers veut-il se renseigner sur la
situation hypothécaire d'un immeuble, il n'a qu'à réclamer
la production du titre ; le texte, d'une lecture facile, lui fait
connaître la consistance juridique de l'immeuble dont la situation matérielle est indiquée par le plan.

Ce système réalise la mobilisation du sol et rend possibles
les avances sur titres de propriété foncière (1), il mérite par
là de fixer l'attention des économistes.

L'idée de rendre la circulation des immeubles aussi facile
que celle des meubles n'est d'ailleurs pas nouvelle. La loi du
9 messidor de l'an III, par la mise en pratique de la théorie
de l'hypothèque sur soi-même et la création des cédules hypothécaires (2), la ville de Brême par le système des Handfes-
ten (3), et la loi prussienne de 1872 par les Grundschuld-
briefe (4), se sont efforcées d'y arriver et y ont réussi.

Le mérite du système *Torrens* et de la législation tunisienne.
n'est donc pas d'avoir innové sur ce point, mais bien d'être

(1) V. Dain, *op. cit.*, p. 34.
(2) V. sur le décret de messidor, Besson, *op. cit.*, p. 86 et suiv.
(3) V. Besson, *op. cit.*, p. 286 et suiv., et une étude de M. Challamel dans le
Bulletin de la Société de législation comparée, t. VII, 1878, p. 482 à 505.
(4) V. Besson, *op. cit.*, p. 270.

arrivés au même résultat d'une manière simple, découlant tout naturellement des principes appliqués.

Les avantages procurés par la mobilisation du crédit foncier et la possibilité des avances sur titres de propriété immobilière sont surtout appréciables dans un pays agricole comme la Tunisie, où la terre constitue l'instrument principal de richesse et de crédit. Les capitaux y sont en petit nombre, ils ne se portent guère sur le commerce, à l'état rudimentaire, ni sur l'industrie qui n'existe pour ainsi dire pas encore, il faut autant que possible les attacher à la terre, les y attirer en leur donnant toutes les sécurités et les facilités de circulation voulues.

L'organisation d'un crédit agricole a justement préoccupé les esprits en France. On a cherché dans ce but à constituer une grande institution financière analogue au crédit foncier. Ce crédit agricole, fondé en 1860, succomba bientôt, n'ayant rendu que peu de services aux exploitations rurales proprement dites, il venait plutôt en aide à certaines industries accessoires telles que les sucreries. D'ailleurs son existence eût-elle été plus longue, que son utilité eût encore été contestable, une seule institution de crédit agricole, eût-elle plusieurs agences comme la société de 1860, est insuffisante dans un pays comme la France où il en eût fallu des milliers.

En Allemagne, en Italie, existent des banques populaires fondées sur la mutualité, les unes ayant un capital actions, comme les banques Schulze-Delizsch; les autres alimentées par des cotisations, comme les banques Raiffeissen (1).

Le système tunisien, comme le système Torrens, semblerait permettre de réaliser ce crédit d'une manière beaucoup

(1) Sur le crédit agricole voir Cauwès, *Cours d'économie politique*, t. II, p. 441 à 450; t. III, p. 311 et suiv.

plus simple, sans nécessiter la création de banques spéciales, par la seule remise du titre de propriété, au moins pour les avances à court terme.

Un propriétaire en effet veut-il faire un emprunt pour effectuer sa récolte par exemple, pour acheter des instruments aratoires, ou simplement même, la récolte terminée, afin de pouvoir attendre un moment opportun pour la vente, sans cependant initier le public aux embarras de ses affaires, il n'a qu'à se rendre chez un banquier où, moyennant le dépôt de son titre, il se fera ouvrir un crédit mesuré à l'importance de l'immeuble, comme cela se pratique pour les valeurs d'État ou les actions industrielles. La garantie du prêteur est absolue puisque, nous l'avons vu, tout droit intéressant la propriété foncière doit être inscrit sur le titre pour être opposable aux tiers ; en déposant son titre de propriété, l'emprunteur s'interdit la possibilité de toute aliénation ou constitution de droits réels. Le remboursement effectué, il ne reste pas trace de l'opération puisqu'aucune inscription n'a été prise sur le titre.

Ces prêts sur titre étaient d'une pratique constante en Tunisie dès avant l'immatriculation, mais ils servaient alors surtout à favoriser l'usure. Lorsqu'un agriculteur avait besoin d'argent pour ensemencer ses terres, il passait un acte devant notaire aux termes duquel il déclarait vendre au prêteur sur la récolte future tant de mesures de blé à un prix déterminé, mais toujours inférieur de moitié au moins au prix réel, afin soi-disant de garantir celui-ci contre les chances de baisse. Le prêteur se faisait remettre en outre le titre de propriété s'il y en avait un.

Souvent aussi ce prêt s'opérait d'une manière encore plus simple et plus rémunératrice pour le prêteur. Il se bornait, moyennant la remise du titre, à avancer les semailles à l'em-

prunteur, se réservant la moitié ou les deux tiers de la récolte future, prélevant ainsi un intérêt de 100 et 200 0/0 sur
la somme prêtée.

L'immatriculation n'a pas fait disparaître ces abus. Le
taux normal de l'intérêt a seulement beaucoup baissé pour les
prêts consentis sur des immeubles immatriculés, en raison
de la sécurité plus grande donnée au prêteur ; de 10 et 12 0/0,
il est descendu à 6,50 et 6.

Quant aux avances à court terme sur titre immatriculé
dont nous parlions tout à l'heure, il paraît que bien que
théoriquement faciles, et d'un usage courant en Australie (1), elles ne sont pas entrées dans la pratique en Tunisie.
Les banques ne consentent de prêt qu'à condition de prendre
une hypothèque qu'elles font inscrire sur le titre, ne considérant pas la simple remise de celui-ci comme une garantie
suffisante (2).

Quoique moins simple que le prêt direct sur titre, cette
combinaison est d'une réalisation plus facile et moins coûteuse que l'emprunt hypothécaire tel qu'il se fait en France,
puisqu'elle ne nécessite pas le ministère des notaires, et
qu'un acte sous seings privés suffit pour la constitution
d'hypothèques.

Mais cette facilité même donnée au crédit hypothécaire

(1) V. Dain, *op. cit.*, p. 34.

(2) Le titre de propriété immatriculé ne rend donc pas tout à fait inutile la
création d'une institution de crédit agricole. Le gouvernement du protectorat
vient même de saisir la commission d'administration de la conférence consultative d'un projet de création d'un établissement de ce genre. La commission a
été d'avis d'ajourner l'exécution du projet comme pouvant entraîner la responsabilité morale et pécuniaire du gouvernement du protectorat, se réservant
d'étudier d'une manière générale dans la prochaine session la question du crédit agricole sous toutes ses formes : crédit commercial, crédit foncier, crédit
agricole (Conférence consultative, séance du 16 novembre 1896.*Journ. off. tunis.*,
5 déc. 1896, p. 636).

n'a pas été sans susciter de vives critiques. On a prétendu que le débiteur n'était plus suffisamment protégé contre ses propres entraînements. On considère généralement la constitution d'hypothèque comme plus dangereuse qu'une aliénation directe en ce sens qu'elle est consentie souvent à la légère et peut amener à l'expropriation du débiteur. Un acte notarié appelle plus de réflexion qu'un acte sous seings privés ordinaire. Or l'assiette et la transmission de la propriété, a-t-on dit, sont non seulement d'intérêt privé, mais d'intérêt social (1).

Certains se sont même demandé si la mobilisation du sol elle aussi n'était pas pleine de périls, pouvant encourager de fausses spéculations et des entreprises mal combinées.

Toutes ces critiques perdent beaucoup de leur valeur dans un pays neuf. Il ne s'agit pas seulement alors de régler les transmissions de la propriété, mais bien de donner à celle-ci une base certaine et de n'entraver en rien l'esprit d'initiative et d'entreprise qui sont la première condition de prospérité d'un pays nouvellement ouvert à la colonisation

Au reste, est-il de meilleure réponse aux détracteurs que celle des faits eux-mêmes. La loi, ne l'oublions pas, est facultative et certains regrettent qu'il en soit ainsi, estimant que la dualité des législations peut être une source d'erreurs et de conflits. Mais à toutes les raisons qui ont déterminé le législateur à décider ainsi (2), on peut ajouter que ce caractère facultatif de la loi présente encore l'avantage, bien rare dans les législations ordinaires, de rendre facile l'appréciation exacte de sa valeur. Chez nous, en effet, où les lois ont une portée générale, pour se rendre compte de leurs qualités et de leur opportunité, il faut de longues années, et si la loi est

____

(1) Cauwès, *op. cit.*, t. II, p. 426.
(2) V. plus haut, p. 77 et la note.

mauvaise, ce n'est que par les résultats désastreux qu'elle a produits, les ruines accumulées, qu'on peut s'en apercevoir. Il faut alors l'abroger et la remplacer, opérations toujours longues et difficiles, pendant lesquelles l'intérêt public reste en souffrance.

Nous ne voulons pas prétendre cependant que toutes les lois devraient être facultatives, ce qui serait évidemment impossible, mais puisque la loi tunisienne présente ce caractère, il est intéressant d'en signaler les heureux effets.

Il est certain que si une loi, à laquelle personne n'est tenu de se soumettre, rencontre de nombreux adhérents, on peut dire à coup sûr qu'elle est bonne, et que les avantages qu'elle présente sont sérieux, chacun ne se décidant qu'au mieux de ses intérêts. Si parfois la progression du nombre des demandes d'immatriculation à la conservation foncière paraît se ralentir, il faut chercher à quoi tient cette gêne momentanée, le défaut trouvé, lui appliquer le remède, et constater ensuite le résultat par la reprise des demandes. Une étude statistique s'impose donc à la fin de l'étude même de la loi, elle en est la conséquence obligée, le contrôle le plus impartial de sa valeur et en quelque sorte le critérium grâce auquel on arrive facilement à connaître ses imperfections et les réformes à y introduire.

Cette étude nous est rendue facile par la publication des rapports faits chaque année par le ministre des affaires étrangères au Président de la République française, sur la situation de la Tunisie, rapports auxquels nous empruntons presque tous les renseignements qui suivent.

La loi, décrétée le 1er juillet 1885, est entrée en vigueur le 15 juillet 1886 (1). Malgré les avantages que présentaient ses

(1) Décret du 28 juin 1886 (Bompard, p. 207, note 1).

dispositions, on pouvait constater dès 1887 le peu d'empressement que les propriétaires mettaient à s'y soumettre. « 29 immatriculations seulement, correspondant à une superficie de 15.000 hectares, avaient été demandées, et les seules propriétés françaises représentaient déjà une contenance au moins décuple (1). » Cela tenait à ce que les frais étaient trop élevés et mal gradués, surchargeant surtout la petite propriété. Pour un immeuble de 1.000 hectares, par exemple, la dépense était de 2 piastres par hectare (la piastre tunisienne valait 0 fr. 60), tandis que pour les propriétés de 1 à 2 hectares, elle pouvait monter jusqu'à 260 et 370 piastres. D'un autre côté le rapport entre les frais d'immatriculation et la valeur vénale qui s'abaissait à 0 fr. 95 0/0 pour un immeuble estimé 487.500 piastres, n'était pas inférieur à 13 0/0 pour un terrain évalué 2.400 piastres (2). Enfin, les frais devant être supportés entièrement par la partie qui requérait l'immatriculation, celle-ci en faisant sa demande devait en consigner le montant présumé à la conservation foncière, et rien que cette consignation pouvait être une lourde charge. « Par exemple, une propriété de 3.000 hectares nécessitait un dépôt de 4.500 francs... Le minimum de consignation, si faible que fût l'importance de l'immeuble, était de 200 francs (3). »

Ce n'était pas tout. — Avant de recevoir le dépôt de la réquisition, le conservateur devait exiger le paiement de tous les droits de timbre et de mutation auxquels l'immeuble avait échappé jusque-là (4). Les Européens ayant l'habitude de faire leurs mutations par actes sous seings privés, il s'en-

(1) Rapport Massicault, mai 1892.
(2) V. Besson, *op. cit.*, p. 390, qui emprunte ces chiffres à une notice qui figurait à la section tunisienne de l'Exposition universelle de 1889.
(3) Rapport Massicault, mai 1892.
(4) Décret du 14 juin 1886 sur l'organisation du service de la conservation de la propriété foncière, art. 21. Bompard, p. 255.

suivait que presque tous les immeubles possédés par eux devaient des droits arriérés. — Or « l'impôt de mutation étant de 7,25 0/0 de la valeur vénale de l'immeuble, il s'ensuivait de ce chef des frais quelquefois énormes et hors de toute prévision raisonnable. Il était arrivé que le conservateur avait dû réclamer, pour un seul immeuble de 700 hectares estimé 100.000 francs, une somme de 20.000 francs. De pareilles exigences étaient de nature à faire reculer les propriétaires les plus sensibles aux avantages de l'immatriculation » (1).

La commission spéciale de législation, qui avait élaboré la loi de 1885, dut rechercher les remèdes à apporter à cette situation. Sur sa proposition le Gouvernement décida tout d'abord que les sommes à rembourser à l'Etat pour les frais de vérification des plans de propriété à immatriculer seraient réduites (2), puis que les droits afférents à la dernière mutation seraient seuls réclamés (3). On supprima même complètement tout droit de mutation sur les cessions d'enzel immatriculées (4).

Ces dégrèvements n'étaient pas suffisants. A la fin de 1890, c'est-à-dire un peu plus de quatre années depuis la mise en vigueur de la loi, 159 demandes d'immatriculation avaient été reçues (5), comprenant près de 100.000 hectares alors que l'ensemble des propriétés appartenant aux seuls Français était évaluée à près de 400.000 hectares.

Alors intervint un arrêté résidentiel du 18 novembre 1890, pris suivant les instructions du Gouvernement Français, qui

---

(1) Rapp. Massicault, mai 1892.
(2) Décret du 5 rabia-el-aoual 1305-20 novembre 1887. Bompard, p. 263.
(3) Décret du 15 rabia-el-aoual 1306-19 novembre 1888 (Rapport 1881-90).
(4) Décret du 15 janvier 1890 (Rapport 1881-90).
(5) Voir le tableau statistique.

constitua la commission dite *des frais de justice*, chargée de
« rechercher les mesures propres à développer l'application
de la loi foncière » (1). Cette commission comprenait le Résident général, le Consul de France, le président et le vice-président du tribunal de Tunis, le président du tribunal mixte,
le conservateur de la propriété foncière, le chef du service
topographique, etc.

Elle tint 18 séances, dont 8 furent consacrées exclusivement aux questions relatives à la loi foncière. Ses décisions
ont fait l'objet de la loi du 15 mars 1892 et de cinq décrets
beylicaux en date du 16 du même mois. Toutes les réformes
tendent à la simplification de la procédure et à la réduction
des frais d'immatriculation. Les titres arabes, fort longs généralement, ne sont plus traduits *in extenso*, une analyse
sommaire suffit, seule la description de l'immeuble est traduite telle quelle en entier. Il s'ensuit un dégrèvement
moyen de 50 0/0 sur le coût des traductions.

Les formalités mêmes de l'immatriculation, comme nous
l'avons vu en étudiant la loi, ont été autant que possible
simplifiées dans un but d'économie.

On alla plus loin encore. Il avait été décidé d'abord que
l'immatriculation ne devait rien coûter à l'État, le propriétaire supportait tous les frais. Or l'État est suffisamment intéressé à l'immatriculation pour qu'il soit juste de le faire
contribuer aux dépenses qu'elle nécessite. Celle-ci, en effet,
sert puissamment la colonisation. Les Européens et particulièrement les Français, viendront plus facilement s'établir
dans la Régence, quand ils auront à leur disposition une
législation peu coûteuse leur permettant d'asseoir solide-
ment leur propriété. D'autre part, le fisc y trouve son

____

(1) Rapp. Massicault, mai 1892.

compte, car la fraude des droits de mutation est presque impossible avec les propriétés immatriculées.

Désormais donc, l'État fait les frais des avances, dont une partie lui est remboursée d'après un barème établi selon les prescriptions de M. Ribot, qui diminue les frais antérieurs de 75 0/0 pour les petites propriétés et d'au moins 50 0/0 pour les autres (1).

Le montant présumé de ce remboursement partiel est versé par le propriétaire au moment de la réquisition d'immatriculation, les opérations terminées, on le régularise. Il se compose de deux taxes, une calculée d'après la contenance de l'immeuble, et fournie par le barème ci-dessous, l'autre de 3 p. 1000 de la valeur vénale de l'immeuble (2). La contenance est connue par le plan, quant à la valeur vénale, en cas de désaccord avec le propriétaire, le conservateur peut faire procéder à une expertise (3). Le Gouvernement a recommandé au conservateur de faire les évaluations dans un esprit libéral et de ne recourir à l'expertise que dans les cas extrêmes (4).

Barême de remboursement partiel au Trésor, par les propriétaires, des frais d'immatriculation.

1° Contenances.

De 0 à 100 hectares, 1 franc par hectare.

De 100 à 500 hectares, 100 francs et 0 fr. 75 par hectare en plus des 100 premiers.

(1) Rapp. Massicault, mai 1892.

(2) Décret du 16 mars 1892-17 chaban 1309 (*Loi foncière et Règl. annexes,* p. 106).

(3) Décret du 14 juin 1886, art. 23 et suiv. modifiés par le décret du 16 mars 1892 (*Loi foncière et Règl. annexes,* p. 116).

(4) Conférence consultative, novembre 1891. V. Dianous, *op. cit.,* p. 95, note.

De 500 à 1000 hectares, 400 francs et 0 fr. 50 par hectare en plus des 500 premiers.

A partir de 1000 hectares, 650 francs et 0 fr. 25 par hectare en plus des mille premiers.

2° *En plus trois pour mille de la valeur vénale de l'immeuble.*

Le minimum de la perception est de 30 francs (1).

« D'après ce barème, la propriété de 3000 hectares, qui en 1887 avait donné lieu à une consignation de 4 500 francs, ne paierait plus que 2.250 francs. L'immatriculation d'une propriété de 300 hectares qui, sous l'ancien régime, aurait coûté de 900 à 1.000 francs, ne coûterait plus que 400 fr. (2).

Les droits de mutation furent sensiblement réduits, et leur perception fut remise aux soins de la direction des finances.

(1) Il était auparavant de 150 francs (Rapp. Massicault).

(2) (Rapport Massicault). Les frais pris à sa charge par l'Etat tunisien pour l'immatriculation ont augmenté considérablement en raison de l'accroissement même du nombre des demandes. En 1896, la Direction des travaux publics avoue une dépense annuelle de 150.000 francs non compris les frais généraux du service topographique, de la conservation foncière et du tribunal mixte.

Pour assurer l'équilibre budgétaire le gouvernement propose de réduire la part des frais lui incombant, en augmentant celle supportée par les requérants. L'élan vers la loi nouvelle est aujourd'hui donné, dit-il, une pareille mesure ne l'arrêtera pas. La Commission émet un vœu en sens contraire et désire que l'ancien barème soit maintenu (Séance du 14 nov. 1896, *Journ. off. tunis.*, 5 déc. 1896, p. 631).

Voici le barème de remboursement partiel au Trésor, par les propriétaires, des frais d'immatriculation, qui avait été proposé par les Directeurs des travaux publics et des finances :

1° *Contenances* :

De 0 à 100 hectares, 1 fr. 50 par hectare.

De 100 à 500 hectares, 150 francs et 1 fr. 10 par hectare en plus des 100 premiers.

De 500 à 1000 hectares, 500 francs et 0 fr. 80 par hectare en plus des 500 premiers.

A partir de 1000 hectares, 990 francs et 0 fr. 40 par hectare en plus des 1000 premiers.

2° *En plus de 5 pour 1000 de la valeur vénale de l'immeuble ; le minimum*

Le conservateur reprit son véritable caractère et ne fut plus considéré comme un agent du fisc.

L'économie produite par ces mesures s'est immédiatement traduite par une augmentation de demandes.

Le rapport du ministre des affaires étrangères de 1892 constate que depuis le 15 juillet 1886, date de la mise en vigueur de la loi du 1ᵉʳ juillet 1885, jusqu'au 21 mars 1892, où le nouveau régime a été appliqué, l'immatriculation avait été demandée pour 196 immeubles représentant une surface approximative de 64.000 hectares. Du 21 mars au 31 décembre 1892 la conservation foncière reçut 292 demandes représentant une surface présumée de 80.000 hectares. Ainsi d'un côté en près de six ans, 196 demandes soit en moyenne 32 par an, de l'autre en huit mois et quelques jours 292 demandes, soit environ 36 par mois, ou 432 pour une année ; la comparaison de ces chiffres se passe de commentaires.

La même proportion se maintient en 1893, où le nombre des demandes atteint le chiffre de 467 (1), la progression continue l'année suivante. Le rapport de M. Hanotaux du 1ᵉʳ juillet 1895 (2) signale qu'il a été déposé dans le courant de l'année 1894, 489 réquisitions comprenant une contenance présumée de 38.879 hectares, avec une valeur vénale de 10.100.898 francs. Cette statistique est encore plus instruc-

de perception est de 50 *francs.*

Voici maintenant le barême du projet de décret :

1º *Taxe sur la contenance de l'immeuble.*

De 0 à 500 hectares, 1 franc par hectare.

De 500 à 1500 hectares, 500 francs et 0 fr. 60 par hectare en plus des 500 premiers.

Au-dessus de 1500 hectares, 1100 francs et 0 fr. 30 par hectare en plus des 1500 premiers.

2º *Taxe sur la valeur vénale de l'immeuble* : 4 francs par 1000 francs.

(*Journ. off. tunis.* du 19 décembre 1896, p. 683.)

(1) Voir le tableau ci-après.

(2) *Journ. off.* du 9 décembre 1895.

tive que les précédentes, car ce sont les petits propriétaires surtout qui ont requis l'immatriculation cette année-là. Le nombre total des titres délivrés au 31 décembre 1894 était de 834 pour une superficie de 108.626 hectares ; dans l'année 1894 seule, il en a été délivré 236 comprenant une superficie de 13.782 hectares (1).

L'année 1895 n'est pas inférieure comme résultats aux années précédentes. Le nombre des demandes y a été de 571, chiffre auquel on n'était pas encore arrivé. Le tableau statistique ci-après, emprunté aux rapports ministériels, montre d'une manière frappante la progression constante de la faveur dont la loi d'immatriculation jouit auprès du public, surtout depuis la mise en vigueur des décrets de 1892 (2).

On peut se rendre compte également de l'inutilité d'un fonds d'assurance, puisque depuis la mise en vigueur du nouveau régime, pas une demande de dommages-intérêts pour cause de lésion n'a été formée. Il n'y a pas de meilleur témoignage en faveur de l'intelligence et de l'habileté dont ont fait preuve les agents chargés de l'application de la loi.

---

(1) Le plan de la ville de Tunis a été continué. Toute la partie de la ville au nord des boulevards Bab-Benat et Bab-Souika, de la rue des Maltais et de la Marine, est terminé. Le quartier européen entre le boulevard Bab-Djedid, les rues des femmes, de la Rivière, le fort de Sidi Ganem et le lot précédent est levé sur le terrain.

(2) Rappelons que vu l'affluence des demandes au Tribunal mixte, on a dû lui ajouter dernièrement une chambre supplémentaire.

Tableau statistique de l'exécution de la loi beylicale du 1er juillet 1885 sur la propriété foncière en Tunisie, de 1886 à 1896.

I. — *Nombre des demandes d'immatriculation reçues par le conservateur de la propriété foncière et relatives à des immeubles.*

	1886	1887	1888	1889	1890	1891	1892	1893	1894	1895
Ruraux	22	11	29	31	44	30	179	245	211	220
Urbains.	1	3	3	13	5	10	114	222	290	351
Ruraux et urbains compris dans une même demande	»	1	1	»	»	»	»	»	»	»

II. — *Nationalité des personnes qui ont formé les demandes d'immatriculation.*

	1886	1887	1888	1889	1890	1891	1892	1893	1894	1895
Allemands ou protégés . . .	»	»	»	1	1	»	1	1	»	»
Anglais ou protégés	1	»	3	1	3	»	11	16	27	28
Espagnols ou protégés	»	»	1	»	2	»	4	1	7	11
Français ou protégés.	18	8	19	33	23	29	156	275	208	254
Hellènes ou protégés	»	»	1	2	3	1	2	2	3	»
Italiens ou protégés	2	2	2	3	3	1	28	50	79	109
Suisses ou protégés.	»	»	»	1	2	»	2	»	»	6
Tunisiens ou protégés.	2	5	7	3	8	9	86	108	134	153
Autres nationalités	»	»	»	»	1	»	3	14	43	10

III. — *Valeur des immeubles déclarée dans les demandes d'immatriculation.*

IMMEUBLES RURAUX

	1886	1887	1888	1889	1890	1891	1892	1893	1894	1895
					(1)	(1)				
3.000 fr. et au-dessous.	5	2	6	8	11	4	53	112	88	102
3.001 à 6.000 fr.	3	3	5	4	9	7	42	38	40	38
6.001 à 12.000 fr.	3	1	7	6	5	7	22	22	36	45
12.001 à 30.000 fr. . . .	3	3	4	9	8	11	32	31	25	27
30.001 à 60.000 fr. . . .	1	1	1	1	8	5	15	19	13	9
60.001 à 100.000 fr. . .	3	»	4	1	2	5	6	13	5	2
100.001 à 200.000 fr. .	1	2	2	2	3	1	6	7	2	5
200.001 fr. et au delà.	3	»	1	»	»	»	3	5	2	2
Totaux.	22	12	30	31	46	40	179	247	211	230

IV. — *Valeur des immeubles déclarée dans les demandes d'immatriculation.*

IMMEUBLES URBAINS

	1886	1887	1888	1889	1890	1891	1892	1893	1894	1895
					(1)	(1)				
3.000 fr. et au-dessous.	»	»	»	»	»	»	21	36	49	73
3.001 à 6.000 fr.	»	1	1	4	»	»	18	31	35	83
6.001 à 12.000 fr.	»	1	1	2	»	»	24	65	88	82
12.001 à 30.000 fr.	»	»	1	1	»	»	24	49	67	62
30.001 à 60.000 fr.	1	1	»	2	»	»	12	16	29	21
60.001 à 100.000 fr. . .	»	»	»	2	»	»	7	»	16	8
100.001 à 200.000 fr. . .	»	»	»	2	»	»	6	10	3	10
200.001 fr. et au delà. .	»	»	»	»	»	»	2	4	3	2
Totaux.	1	3	3	13	»	»	114	211	290	341

(1) Les chiffres relatifs aux années 1890 et 1891 comprennent les immeubles ruraux et les immeubles urbains.

V. — *Contenance des immeubles résultant des décisions d'immatriculation.*

IMMEUBLES RURAUX

	1886	1887	1888	1889	1890	1891	1892	1893	1894	1895
50 hectares et au-dessous............	12	6	13	17	25	25	7	48	67	74
51 à 100 hect......	»	»	6	5	5	»	2	4	7	15
101 à 500 hect.....	2	3	3	1	3	7	5	21	15	31
501 à 1.000 hect....	3	1	5	6	4	5	3	3	6	11
1.001 à 3.000 hect....	4	2	1	1	»	1	2	5	3	1
3.001 à 5.000 hect..	1	»	1	1	2	1	»	»	»	2
5.001 à 10.000 hect..	»	»	1	»	1	»	»	»	»	1
10.001 hect. et au delà.	»	»	»	»	»	»	»	1	·	»
Totaux.......	22	12	30	31	40	39	19	82	98	135

IMMEUBLES URBAINS

	1886	1887	1888	1889	1890	1891	1892	1893	1894	1895
100 mq. et au-dessous.	»	1	1	1	2	»	1	8	9	18
101 à 200 mq.......	»	»	1	»	1	2	1	9	20	19
201 à 300 mq.......	1	»	»	1	»	1	»	10	13	15
301 à 500 mq......	»	»	»	1	2	»	2	11	27	14
501 à 1.000 mq.....	»	»	»	3	2	»	3	15	22	19
1.001 à 2.000 mq.....	»	»	»	2	»	»	2	10	26	21
2.001 à 5.000 mq....	»	1	»	3	1	»	3	12	23	31
5 001 et au delà....	»	1	1	2	1	»	5	21	30	63
Totaux.......	1	3	3	13	9	3	17	96	170	200

VI. — *Nombre des demandes d'immatriculation formées par :*

	1886	1887	1888	1889	1890	1891	1892	1893	1894	1895
Le propriétaire	21	8	17	12	19	23	216	337	357	401
L'enzéliste.........	2	7	16	32	27	17	77	130	144	170
Toute autre personne autorisée........	»	»	»	»	»	»	»	»	»	»
Totaux........	23	15	33	44	46	40	293	467	501	571

VII. — *Nombre des oppositions formées au nom des incapables ou non présents.*

Néant.

VIII. — *Nombre des affaires d'immatriculation soumises au Trib. mixte.*

	1886	1887	1888	1889	1890	1891	1892	1893	1894	1895
Entre justiciables des tribunaux français .	4	5	11	11	30	13	17	46	72	47
Entre Tunisiens	»	2	1	4	6	8	5	32	63	62
Entre justiciables des tribunaux français et tunisiens.	18	9	21	29	10	19	64	193	332	189
Totaux.	22	16	33	44	46	40	86	271	467	298

IX. — *Décisions du Tribunal mixte.*

	1886	1887	1888	1889	1890	1891	1892	1893	1894	1895
Décisions préparatoires	»	11	20	17	21	23	22	87	122	227
Demandes admises . .	»	5	32	31	49	42	56	197	301	15
Demandes rejetées en tout.	»	»	1	3	3	1	1	6	4	14
Demandes rejetées en partie	»	1	17	7	21	18	12	11	29	42
Demandes retirées . .	»	»	»	»	»	»	»	»	11	»
Totaux . . .	»	17	70	58	94	84	91	301	467	298

X. — *Montant total des frais d'immatriculation.*

1886-89	1890-91	1892	1893	1894	1895
53.639 p.	109.925 p.	28.393 fr.	49.400 fr.	32.832 fr. 42	51.988 fr. 27

XI. — *Nombre de demandes en dommages-intérêts pour cause de lésion.*

Néant.

Les visas exigés par les règlements ne sont donnés qu'au point de
vue de l'ordre public et des bonnes mœurs (Délibération de la Faculté
du 12 août 1879).

Vu :

Le Président de la thèse,

C. LEVILLAIN.

Vu :

Le Doyen,

BAUDRY-LACANTINERIE,

Vu et permis d'imprimer :

Le Vice-Recteur de l'Académie de Bordeaux,

A. COUAT.

TABLE ALPHABÉTIQUE DES AUTEURS CITÉS

Accarias. — *Précis de droit romain.* Paris, 1886.

Anonyme. — *La Tunisie* (4 volumes). Paris, 1896.

Baudry-Lacantinerie. — *Précis de droit civil,* 4e et 5e éditions. Paris, 1893-1895.

Baudry-Lacantinerie et de Loynes. — *Du nantissement, des privilèges et des hypothèques.* Paris, 1895.

Barthélemy St-Hilaire. — *Mahomet et le Coran.*

Berge. — *De la juridiction française en Tunisie.* Paris, 1895.

Besson. — *Les livres fonciers et la réforme hypothécaire.* Paris, 1891.

Bompard. — *Législation de la Tunisie.* Paris, 1888.

Cauwès. — *Cours d'économie politique.* Paris, 1893.

Dain. — *Le système Torrens, de son application en Tunisie et en Algérie,* Alger, 1885.

de Dianous. — *Notes de législation tunisienne.* Paris, 1894.

Dislère. — *Traité de législation coloniale.* Paris, 1886.

Ebn Acem. — *Tohfat.* Traduction Houdas et Martel.

Garsonnet. — *Histoire des locations perpétuelles.* Paris, 1879.

Goguyer. — *Choix splendide de préceptes cueillis dans la loi.* Petit manuel de droit immobilier. Tunis, 1885.

Kasimirsky. — *Le Coran* (traduction).

de Laveleye. — *La propriété et ses formes primitives,* 4e édition. Paris, 1891.

Petit. — *Organisation des colonies françaises.* Paris, 1894.

P. H. X. — *La politique française en Tunisie.* Paris, 1891.

Piat. — *Notice sur l'application de la loi foncière en Tunisie.* Tunis, 1889.

Pothier. — *Traité du contrat de bail à rente.*

Riban. — *La Tunisie agricole.* Tunis, 1895.

Sautayra et Cherbonneau. — *Droit musulman.* Paris, 1874.

Sidi-Khelil. — *Mokhtaçar.* Traduction Seignette. Constantine, 1878.

Worms. — *Recherches sur la constitution de la propriété territoriale dans les pays musulmans et subsidiairement en Algérie.* Paris, 1846.

Zeys. — *Traité élémentaire de droit musulman algérien (école malékite).* Alger, 1887.

PUBLICATIONS DIVERSES

Annuaire de législation française, 1886.
Bulletin de la Société des études coloniales et maritimes, 1894.
Bulletin de la Société de législation comparée, 1893.
Bulletin de l'Union coloniale française, 1896.
Journal officiel français.
Journal officiel tunisien.
Journal des tribunaux français en Tunisie.
Loi foncière et règlements annexes. *Recueil officiel.* Paris, 1893.
Rapports annuels au président de la République française sur la situation en Tunisie. Paris, imprimerie nationale.
Rapport de M. Cambon, 1885.
Rapport de M. Massicault, 1892.
Revue algérienne et tunisienne.
Revue des Deux-Mondes, 1890.
Revue d'économie politique, 1890.

TABLE DES MATIÈRES

Imp. G. St-Aubin et Thevenot, Saint-Dizier. — J. THEVENOT, successeur.

Imp. G. Saint-Aubin et Thevenot. — J. Thevenot, successeur, Saint-Dizier (Haute-Marne).

9 782019 170400